靈鷲山 2014 弘法紀要

Annual Collection of Dharma
Propagation of the Ling Jiou Mountain
Buddhist Society 2014

群祥

開泰

乙未 心道

導言

　　二〇一四年，歲次甲午，被視為是一個充滿變動和轉換的時刻。靈鷲山也在心道法師「騰躍大時代」的期許中開啟各項志業與發展。師父認為，所謂「大時代」就是能超越時間和空間，走向多元共生、體現愛與和平的大時代；這是一個大契機的時代，如果我們能夠積極把握，就能夠騰躍成長。也因此，二〇一四是靈鷲山的封山安居年，也是轉換、大學習的一年。

　　在年度伊始，師父便風塵僕僕地在各地講堂宣揚「四期教育」的內涵與重要性。四期教育分成「阿含期」、「般若期」、「法華期」與「華嚴期」四個次第，是師父通過實踐體悟出來的佛陀整體教法，也是揭示成佛之道的圓滿教育。其中，「阿含期」是基礎佛法的學習，也是人格和僧格的養成；「般若期」強調升起空性的智慧；「法華期」重點在願力菩提心的養成；「華嚴期」則是佛果的呈現，強調多元共生。而四期教育同時搭配「三好」（身好、口好、意好）、「四化」（淨化、質化、優化、聖化）、「五德」（正面、積極、樂觀、愛心、願力）、「六和」（見和同解、身和同住、口和無諍、意和同悅、戒和同修、利和同均）等具體準則，使靈鷲山全體能在封山期間修持奉守，內省回歸，以實踐來儲備騰躍的力道，進而開展華嚴的聖山志業。

　　除了推動四期教育，師父這一年也重回靈山塔進行塚間閉關，以身作則鼓勵四眾弟子精進修行。而今年師父的修行成果也再一次地獲得國際上的肯定，三月獲得緬甸頒發「大業處阿闍梨最高禪修獎」，這在緬甸是相當榮譽殊勝的獎項，讓靈鷲山四眾弟子同感榮耀。而四月份師父受邀至冰島參與「第二屆人類精神論壇」，分享其畢生愛與慈悲的實踐故事，以及帶領與會佳賓體驗禪修。其後再次受邀前往德國主持禪修。這些都展現了師父在禪法修證以及弘揚愛與和平理念上受到國際認同與推崇。

　　雖然封山精進，但我們的志業和願力並未因此而耽擱停滯。三月，「世界宗教新春和平祈福會」在各宗教代表等貴賓的見證下，以和平鴿形象手印傳遞「尊重、包容、博愛」的精神；四月，第三年舉辦的「大悲閉關21暨圓滿祈福會」則在持誦一〇一萬二千六百一十一遍〈大悲咒〉的慈音中圓滿。而該月生

命教育教材《生命之愛‧愛在臺灣「典範學習」少年生命教育教材》亦順利出版及捐贈,並於日後提供至災區,作為災區與弱勢兒童的心靈療癒讀本,彰顯了靈鷲山在生命教育上的努力與貢獻。五月,則有國內首次完整介紹佛教古國——緬甸,與展示南傳上座部佛教面向的「緬甸信仰與人文特展」,由於緬甸是師父的故鄉,因此這個展覽格外有其意義;此外,教團亦發起「百萬心經奉觀音」活動,並在「第二十一屆水陸空大法會」期間,恭請師父領眾抄經,祈願信眾在抄經的過程中,體驗禪定、深入經藏,開啟智慧。十月中下旬,靈鷲山第三度赴新加坡舉辦水陸法會,也在眾緣和合的努力下圓滿;十一月,宗博館則推出「重彩流金六百年——壁畫 故事 法海寺」特展。用多媒體等展示手法,從圖像、信仰、藝術、工藝等面向切入,呈現出明代壁畫的豐富內涵,也為兩岸的宗教文化交流再添一樁美事。

而在今年臺灣內部也發生一些令人難過遺憾的事情,澎湖空難和高雄氣爆事件,讓臺灣人民的心中留下難以磨滅的傷痛記憶。因此,教團也參與和舉辦祈福法會,祈願大眾尋回安定的力量,早日走出災變的陰霾。另外,宗博館首任館長漢寶德也於今年十一月辭世,漢館長是一位建築與美學大師,擔任宗博館館長期間,不遺餘力地推動生命教育和宗教美學,為宗博館的發展奠定了厚實的基礎,哲人雖遠,但其胸襟風範,將永存後人心中。

二〇一四的封山安居,為植緊壯大靈鷲的根莖花葉,讓自身能淨、質、優、聖地循序轉化,如此,當枝枒新開時,方能以人人欣喜的人間佛國面見眾緣。這一年的轉換學習是一個開始,我們期盼靈鷲山四眾弟子都能夠在師父四期教育的引導下,不斷地精進學習、不斷地力行實踐,從而做到真正的「騰躍大時代」!

釋了意 合十

目錄

總論

　　二○一四年，對靈鷲人而言，是個極具意義的一年。開山和尚心道法師於年初，提出今年為封山安居精進年，作為四眾弟子內省精進，實踐佛法大學習、大轉換的一年。心道法師說：「這是我們的『傳承計畫』，目的在讓正法久住，四眾有所教養。」為了這份「傳承計畫」，心道法師啟動四期教育，目的是為了讓僧眾能作為眾生心靈慧命的依怙，在家居士能好樂在靈鷲山學習，開啟內心善業，找回自我覺性，勤行菩薩道，共同譜出華嚴世界、人心和諧、世界和平的願景。因此，靈鷲山在這一年，除了僧眾精進安居閉關，建立起叢林的禪堂規矩；也辦理了靈鷲人快樂大學習的全臺講堂課程，讓護法居士人人都能快樂學習，精進修行，往成佛之路邁進。

　　靈鷲山僧眾安居精進，年度的弘法活動仍依計畫舉辦，護法大德們更全力地投入籌備弘法活動。如第三年舉辦的「大悲閉關21」，靈鷲山每年年度盛事—臺灣水陸空大法會，今年更遠赴新加坡三度啟建水陸法會等等。除此，今年靈鷲山在佛法弘揚上，更注重教育。心道法師說：「教育即組織，組織即弘法」，說明不管是僧團組織或是護法組織，重點在教育，唯有做好教育，佛法的弘揚才能產生力量。靈鷲山各區會的護法信眾，一方面接受「靈鷲人快樂大學習」課程的洗禮，一方面更在推動護法會務的過程中，學習到團隊合作，「正面、積極、樂觀、愛心、願力」的生命態度。

　　為了讓靈鷲山這盞明燈永續不滅，解行並重的文化繼續傳承下去，心道法師強調僧才培育的重要性。因此，師父體會到佛法修學有其次第的必要性與靈活性，故以禪修為主軸，結合佛陀說法次第及要義，融通三乘法教，以修學禪定次第的「內羅漢」，結合慈悲度眾的「外菩薩」精神，接引眾生學佛，構成無盡解脫境界與和諧世間的良善循環。

一、封山安居精進

　　心道法師開示說：「為了轉換我們的習氣、轉換我們的心靈，成就共同的願景，二○一四年我們用封山來做轉換的準備。我們期許靈鷲山全體徒眾團結

齊心回歸總本山，收攝、反省，向內扎根總本山，貫徹四期教育及宗門的修行，完善制度及永續組織，才有能力銜接更多的善緣，將來能夠為社會做出更大的貢獻。」

靈鷲山開山迄今已三十一個年頭，一直致力於人心和諧與世界的和平，於社會上逐漸建立起一股重視生命教育、提升心靈能量、促進跨宗教對話與和平的正面力量。但是心道法師認為在不斷地向外擴展之後，唯有建立良好的體制與規章，而且人人都回到修行的根本，找回自己的心與覺性，傳承佛陀的教法，然後帶給眾生，讓他們真實地獲得利益，才是大家責無旁貸的重責大任。

心道法師認為佛教徒的使命，就是以佛法灌溉人生、關懷眾生，轉換生命出離迷惑，活出正覺，成就圓滿的生命。身為一個佛教徒，在尚未超脫六道輪迴時，仍在人間努力修行，所以要積極入世，改善人間、造福社會、和諧世界，做好日常生活即佛法，從日常生活中體悟佛法真諦；但這一切基礎都要本著「出離心」動機，究明己事、不忘失菩提心來精進，避免偏於不究竟的「人天乘」，這才是究竟的「解脫道」，才能在六道中轉凡為聖、轉識成智，明悟本心，這才是太虛大師「人生佛教」意涵。

因此，心道法師決定以封山來提升四眾弟子的修行能量，做好佛法傳承。心道法師說：「封山是為了回歸總本山、回歸我們的本心。」為此，心道法師於年初，在全臺各講堂舉辦「與師有約」，詳細地闡述靈鷲山封山安居的意義與作法，提出「三好、四化、五德、六和敬」做為四眾弟子日常生活的修行準則，以及四期教育的修學系統，作為弟子學習的依據；並勉勵護法居士發起大願，承擔靈鷲山的各項護法志業，讓法住法位、僧住僧位、護法住護法位。

心道法師在各場的與師有約中提出「三好、四化、五德、六和敬」，作為靈鷲山四眾弟子在日常生活的修行準則。其中，「三好」指生活中要常持善念，身、口、意三業清淨。四化指靈鷲山僧伽與護法組織的淨化、優化、質化、聖化，讓靈鷲山的所有弟子在組織中都能轉換生命能量，經營生生世世生命的善業。正面、積極、樂觀是靈鷲人的生命態度，然而還要有「愛心」，才能真誠地做「奉獻生命、服務生命」的菩薩道工作，更要有願力，才能長長久久、不退轉地做菩薩道的工作；「正面、積極、樂觀、愛心、願力」，正是靈鷲人的「五德」。「見和同解、戒和同修、身和同住、口和無諍、意和同悅、

利和同均」，「六和敬」是靈鷲山組織的共同規範，大家在靈鷲山這個大家庭，和樂團結，同為弘揚佛法、濟世度眾打拚。

1.僧眾安居、精進道業

在這一年中，靈鷲山僧眾回歸叢林道場作息，靈鷲山三乘佛學院也規劃培育課程，讓僧眾在閉關中，除安定身心，亦能努力學習。今年的全山僧眾課程包括「恭讀心道法師開示與研討」及「山誌導讀」，透過長老法師的帶領，僧眾們一同分享修行體驗與生活心得，不僅彼此在道業上互相砥礪，也是上師法教珍貴的學習分享；另外為了能夠更貼近心道法師的教法，師資培訓課程培訓了《靈鷲山外山》教授師、禪修教授師及各區一日禪監香師，投入「靈鷲人快樂大學習」系列課程。

專題課程方面，除了每年邀請來山授課的南傳內觀大師讚念長老教授內觀禪修之外，更特別禮請緬甸仰光全國上座部國立佛教巴利大學副校長鳩摩羅尊者（Ashin Bhddanta Kumara）與教務主任Ashin Therasabha法師開設「南傳佛教初探」與「《增支部》經典選讀」，從緬甸傳統的學習方式，逐步奠定僧眾對南傳三藏與基礎義理的認識，並透過佛陀與各別弟子的對話與生活故事，開啟僧眾學習基礎阿含經典的大門。

另外，二〇一四年也是靈鷲山四期教育的啟動年。四期教育是根據佛陀的說法歷程以及心道法師自身生命經歷與修行體悟，所提出的四期次第修學體系——「阿含期」、「般若期」、「法華期」與「華嚴期」。從基礎戒與定的培養，到瞭解般若空性，升起智慧，再到落實菩提心、實踐願力、力行菩薩道；最終明心見性，然後引領眾生從多元相依存、和諧共生的生命實踐，進入圓融無礙的華嚴世界。

心道法師認為這四期次第的佛法教育可以作為「人生佛教」的落實重點，實踐太虛大師的理想，在當代的弘法上，讓大眾更有方向感，能從「人間改善」的基礎，轉向「生命解脫」，達到「圓明法界」，也是人生佛教的圓滿呈現。

2.靈鷲人快樂大學習

　　心道法師一向重視弟子的教育，除了成立三乘佛學院、慧命成長學院，也舉辦各種的精進營，委員精進營、幹部精進營、儲委精進營、心寧靜教師營……等等，經由這些課程讓弟子能夠接收佛法。除此，心道法師為了讓弟子更有系統地接受佛法教育，特別規劃四期教育的修學系統，讓所有的靈鷲人，都能在次第性的修學系統中，勇猛精進，積累道業資糧，往成佛之路邁進。

　　靈鷲山在二〇一四年三月開始在各講堂開設「靈鷲人快樂大學習」，以靈鷲學、平安禪為學習內容，讓靈鷲山的信眾，在循序漸進的佛法修持中，堅定菩薩道心，成就大圓滿生命。

　　首波課程為「心道與禪──上師的生命故事」，以說故事的方式，分享心道法師的生命故事。學員們透過授課法師生動地介紹與分享，對於心道法師的修行與願力有更進一步的信心，對於封山安居也有進一步的體認；對授課法師而言，也更加體悟心道法師的言行與悲願，更能體解心道法師為求佛法、僧眾永傳而封山安居的苦心，可謂成效斐然。

　　第二波課程為「平安禪法」。藉由平安禪法四步驟的禪修教學與實作，培養學員禪修知見，實際帶領學員體驗禪修的美好，引領學員身心放鬆，掌握攝心的方法，學習自我觀照，享受自在喜悅的光明。心道法師曾說：「我是一個禪師，我的本色就在禪修。禪修能幫助我們找回心，讓心屬於自己，呈現本來面目。」為了推廣心道法師的平安禪法，各講堂也分別安排每週固定的禪修共修，以及一日禪的體驗課程，讓社會大眾知道禪修的好處，享受找回自己的樂趣。

二、轉動慈悲

　　心道法師曾說：「靈鷲山是以觀音菩薩的慈悲喜捨，作為我們生生世世的願景跟實踐。」今年，心道法師在「與師有約」全臺巡迴講座中，特別提出靈鷲人的「五德」，即正面、積極、樂觀、愛心、願力，這五種良善的價值，帶領靈鷲山投入觀音菩薩濟世度人的慈悲事業。今年在僧眾安居精進中，靈鷲山

護法會仍一起承擔弘法事業,辦理各項的弘法活動,包括「大悲閉關21」、水陸法會以及在各講堂推廣的「百萬心經奉觀音」等活動。

1.大悲閉關21

心道法師說:「經常誦持〈大悲咒〉能讓人產生悲心和愛心,因為〈大悲咒〉是份願力,具有很大的磁場;〈大悲咒〉就像一把鑰匙開啟了人們的大悲心,不斷地誦持可以解決很多生活上的問題,滿足人們的願望,除去很多的病苦。」

心道法師一直鼓勵弟子平常要持〈大悲咒〉,跟觀世音菩薩連結,效法觀音菩薩「慈悲喜捨」的慈悲精神,為生命經營生生世世的福慧資糧。靈鷲山近年來,各地講堂也分別舉辦「百萬大悲咒」共修的活動,藉由共修的力量,不僅迴向個人平安、家庭平安,也迴向社會、世界和諧安定。

今年「大悲閉關21」,延續二〇一二年以來每年都具備的神聖願力,將全體成員集結出的大悲善念迴向給珍貴的地球。因為相信持誦〈大悲咒〉能有淨化身心,升起改變自己、改變環境的正向能量,有許多居士就算年事已高或身體不便都放下萬緣參加「大悲閉關21」,也有日理萬機的企業主,及遠自海外專程返臺的佛弟子們不辭千里前來共襄盛舉;更有許多志工抱持著慈悲利他的心念,發心擔任護關工作。閉關期間適逢四月二十二日「世界地球日」,亦有不少佛弟子前來無生道場隨喜共修,以虔誠誦念〈大悲咒〉的誠心,祈願地球上所有的人類互愛、萬物和諧、無災無難。

「大悲閉關21」圓滿日當天,先於無生道場華藏海啟建祈福法會,並以「持咒經行」巡禮靈鷲山,頂禮佛法舍利,在這天災人禍頻仍之際,將眾人祝禱和諧慈悲的心念迴向地球平安。心道法師說:「以〈大悲咒〉迴向遠離一切災難,這是我們學佛人應該有的願力與悲心,也是對生命共同體眾生的慈悲。」期待大眾能將閉關期間持續不懈持誦〈大悲咒〉的發心,帶到日常生活,影響周遭共創良善磁場。

2.靈鷲山水陸空大法會

二〇一四年，靈鷲山分別在桃園巨蛋體育館及新加坡義安潮州會館啟建「水陸空大法會」。水陸法會是觀音菩薩大悲心的顯現，是一個讓大家能夠入道、體驗生命覺醒的地方。透過親歷水陸法會的莊嚴氛圍，心有所攝受，在觀音菩薩的慈悲加持下，領受觀音菩薩如母親般的慈愛與安穩，淨除內心三毒煩惱、調整身心。

另外，水陸法會本身也是生命教育的體現，完全相應四期教育的實踐精神，從齋戒、灑淨我們的身心靈開始，結界出清淨無垢的心之壇城。大家在三寶的加持與引導之下，從懺悔持戒開始，內心對往昔所造的諸多惡業真誠懺悔，解冤消結，消除三毒業障，逐步認識、修學佛法，建立起學習佛法的正知見，漸漸落實戒與定的生活實踐，培養基礎人格，將禪落實於日常生活中，培養空性的智慧，用慈悲的願力，發大心實踐菩薩道弘法利生精神，達成一切生命大和解的無盡良性循環，成就圓滿一切因緣的華嚴世界，期許人人都能明心見性、入佛知見，成就相互依存、多元和諧的生命共同體。所以，整個水陸法會就是阿含、般若、法華、華嚴的內涵開顯，是四期教育的「濃縮版」實踐。

水陸法會舉行期間，更有緬甸最勝法庫——三藏持者孫倫東達拉尊者講授八關齋戒的由來，並親自為現場信眾正授八關齋戒，最後將滴水功德迴向給水陸法會一切眾生離苦，往生清淨淨土，這是一個非常殊勝難得的聽法機緣。孫倫東達拉尊者是緬甸五大禪修系統中的孫倫呼吸禪修法的傳承者，也是緬甸國家最高佛教三藏持者成就者，精研三藏經典。尊者詳盡解說受持八關齋戒的殊勝，並舉佛陀故事為例，佛陀問弟子：「世間有人一生享盡榮華富貴到八十歲甚至九十歲，你們覺得他有得到真正的幸福嗎？」弟子們搖頭。佛陀接著說：「只有接受殊勝的佛學教導，受持八關齋戒，將心不斷地修持進入到涅槃境界，才會得到真正的幸福。」認為經過受持戒律與禪修內觀的人，因為具足出世間智慧，能夠認識人生的無常、痛苦和不能自主，而得到生命的自由。

3.百萬心經奉觀音

為體現觀音菩薩慈悲精神，祈願世界無災無難，靈鷲山發起「百萬心經奉觀音」抄經祈福活動，呼籲大眾在日常生活中除誦念〈大悲咒〉、《普門品》

外，亦可抄寫《心經》，祈願世界平安、社會和諧。所抄經典將擇吉日奉納於靈鷲山聖山寺毗盧觀音聖像及大悲牆內，集合百萬人的心願與祝福，為己、為人、為世界，報恩、祈願、求平安。

法會期間，心道法師除了為大眾示範抄經之外，也於抄經前對信眾慈示抄經的益處，以抄《心經》能夠讓我們更明白心的心路歷程，藉由逐字抄寫《心經》，在筆觸轉折中，強化記憶、反覆思維，轉化成為自我觀照，深刻體會佛法經典的意涵，深入經藏，得到佛法最精密的智慧，修身練性，進而學習佛菩薩的慈悲與智慧，從「心」創建內在的華嚴世界。心道法師說：「《心經》是觀音菩薩所說，也是整個大乘佛法的核心典籍，在講如何達到空性的一個歷程，是修道人的路，也是一種理念行持的軌道。」

之後，新北市分院、臺北講堂、臺中講堂等地，也在觀音菩薩出家日（農曆九月十九日）前，分別舉行抄經活動，不少體驗抄經的師兄姐們紛紛表示，在抄經過程中，不僅身心靈有清淨的感受，能夠自我觀照，內心更是安定，法喜充滿。

法緣難得的「百萬心經奉觀音」抄經祈福活動，將持續於靈鷲山各地據點舉辦，欲參與者可洽靈鷲山各地分院寺、講堂、中心等，領取經函、奉納供養，歡迎大眾共襄盛舉，透過功德迴向，將自己的心量無限放大，利益普及於一切眾生，演化無量功德！

三、坐禪觀心

心道法師曾自言：「我是一個禪師，我的本色就在禪修。禪修能幫助我們找回心，讓心屬於自己，呈現本來面目。讓我們本來如太陽般光明的心性不再被無明的烏雲所遮蔽，能清楚覺察自我，不再被外在種種所束縛，找回內在的和諧與寧靜，看到世界的美好，讓生命重新發光。」在封山安居精進的二〇一四年，靈鷲山道場建立起叢林的禪堂規矩，僧眾每日固定禪修，開啟般若智慧。在信眾教育上，大力推動、廣傳「平安禪法」，連續在每週四的「靈鷲人快樂大學習」推出兩期的平安禪法，讓信眾熟習禪修、養成禪修習慣。雖說是封山安居，無生道場的雲水禪修並未稍殂，仍然接引眾多學人，體驗或一日、或三日、或七日禪修，在山秀風清的大自然中，體驗禪修帶來的輕安與喜樂。

特別的是，今年心道法師獲得緬甸頒贈國家最高榮譽的「大業處阿闍梨最高禪修成就獎」，心道法師獲得這樣的肯定，極為殊勝、難得，代表緬甸國家對心道法師的禪修及其致力於推廣平安禪法的肯定。另外，心道法師也前往德國教授禪修，這是心道法師第三度在德國傳授禪法，心道法師一直希望能將平安禪推廣到國際上，逐漸建立起心和平的種子，因為「心和平，世界就和平」，這些種子將會是未來促成世界和平、地球平安最大的力量。

1.心道法師獲頒「大業處阿闍梨最高禪修成就獎」

心道法師繼二〇〇六年獲得緬甸頒贈的「國家最高榮譽—弘揚佛法貢獻卓越獎」、二〇一一年獲頒「傳授禪修卓越優秀獎」之後，二〇一四年再度榮獲緬甸國家最高榮譽「大業處阿闍梨最高禪修成就獎」，這三度獲獎展現心道法師長年以來在國際間推動宗教和諧、生命教育、促進世界和平的慈心願力，也是對心道法師畢生苦修實證所凝煉出的平安禪法的最高肯定。此獎由緬甸全國一千七百位僧尼提名中遴選而出，由全國上座部佛教所頒贈，並且緬甸總統登盛（Thein Sein）與各級部長皆前往全程觀禮，同時在儀式圓滿後，與當地僧委會主席及高僧們一起為世界和平祈福。在授獎典禮之前，總統登盛先以傳統法儀進行「供僧」及「滴水功德」的迴向供養諸位授獎高僧，儀式隆重莊嚴。

在南傳佛教傳統中，緬甸一向重視禪修，如瑪哈喜尊者、摩構尊者、孫倫尊者、烏巴慶尊者（葛印卡）等等，皆是舉世聞名的禪修大師。心道法師一身兼有漢傳禪宗臨濟與曹洞之傳承，十年的塚間苦行及兩年的斷食，無時不以禪觀照自身，澈見本心。除了本身禪宗的傳承，心道法師的平安禪法，更是其數十年禪修經驗凝煉之精要，並於世界各地推廣弘揚。心道法師此次的獲獎，除代表漢傳禪宗與南傳內觀禪修的交流與融合，也表示平安禪法亦將在緬甸廣泛弘傳。

心道法師在獲獎時表示：「希望我在禪修方面做的奉獻跟服務，能教導更多人來禪修，讓每個人都能重視、學習禪修，得到心靈的和諧，走入涅槃的家園，把佛陀的教法傳播得更廣、更深、更遠。」心道法師期勉大家在封山精進年中，把生活軌則做好，找回勇猛精進心，讓覺性更靈活的呈現，把妄念執著全都脫落，呈現靈明不昧的心性光明。呼籲大家好好禪修，將心靜下來，習慣一切都無所住，讓心性的靈敏度越來越好，達到身心的解脫。

2.德國教授禪修

　　心道法師第三度受德國慕尼黑大學前宗教系主任Michael von Brück教授邀請，前往德國主持禪修。von Brück教授為心道法師多年好友，是一位牧師，同時在日本取得禪師資格，深入習禪。

　　心道法師在四天的禪修中，每日清晨六點以坐禪開始，課程還包括功法、行禪與唱誦，最後再以坐禪收攝內心，回歸自心的寧靜結束一日的禪修。這四天的禪修讓學員們有許多的體悟，在最後一天互相分享。有學員分享到：「禪修期間全程禁語，看到很多人雖然不能講話，但都互相微笑，讓我覺得很溫暖。找到內心的寧靜沒有想像的那麼難，而且當我們內心寧靜的時候，更可以感受到彼此之間的真心。」

　　生命最珍貴的就是心的發現，心道法師鼓勵學員們一起走這條心的道路，「心的道路怎麼走？就是反覆做四步驟修行。禪修能夠進入我們的內在、瞭解我們的心、成就我們的心，是值得探討、投入與實踐的！祝福大家能夠成就涅槃、成就無生，我們能夠在心的道路上相見，每年都能夠看到彼此。」

四、多元共生，和平共存

　　「愛是我們共同的真理，和平是我們永恆的渴望。」這是心道法師在參訪、拜會各宗教領袖，綜合歸納出來，作為世界宗教博物館創館的理念。宗博館自二〇〇八年起，於每年開春，邀請各宗教代表、貴賓齊聚博物館舉行「春祈會」，以各宗教的傳統共同祈願災難遠離、人心寧靜、世界和平。今年，「春祈會」各宗教領袖、代表及貴賓，共同蓋下和平鴿形象的和平手印，傳達眾人對和平的堅定與企盼，並邀請社會大眾一同參與「百萬手印祈和平」活動，呼籲每人每日和平祈禱一分鐘，讓人心和諧、社會安定，找回內在的安定力量，讓外在世界由此獲得和平，共創愛與和平地球家！

　　今年，心道法師雖然大部份的時間都在閉關，但仍抽空受邀前往冰島參加第二屆「人類精神論壇」，分享自身如何在觀音菩薩慈悲的引領下，實踐「愛與慈悲」的故事。世界宗教博物館是心道法師推動「多元共生、和平共存」的華嚴理念的載體，除了常設展向社會大眾介紹多元宗教文化的珍貴以及「尊

重、包容、博愛」的精神，每年的特展，更常帶給社會一場宗教與藝術的饗宴。今年五月份，宗博館規劃一場「黃金佛國——緬甸信仰與人文特展」，讓觀眾體驗不同地域的佛教信仰，認識遙遠中南半島大國－緬甸，並介紹心道法師今年獲緬甸頒贈「大業處阿闍梨最高禪修成就獎」的殊勝因緣。此外，宗博館於十一月九日館慶推出的「重彩流金六百年——壁畫 故事 法海寺」特展，展出北京法海寺珍貴的明代壁畫，這是臺灣首度展出這一珍貴的壁畫藝術寶藏。

1.冰島「人類精神論壇」

二〇一四年四月，心道法師以世界宗教博物館創辦人身分受邀參加在冰島首都雷克亞維克市開幕的第二屆「人類精神論壇（Spirit of Humanity Forum）」。人類精神論壇是瑞典外交家Ragnar Angeby所創辦，以「愛的正面能量」為中心價值，並以「找出並分享通達這內在力量的方式」，和「探討愛與慈悲如何對社會產生改變」為宗旨。希望讓擁有相同價值的人分享體驗，透過匯聚有影響力的人士，探討人類價值與靈性在個人、社群、國家與國際決策中所扮演的角色。

心道法師受邀於第二場「全體會議」上，和聯合國教科文組織第三十六屆大會主席（2011～2013）暨聯合國教科文組織匈牙利代表Katalin Bogyay、費瑟國王伊斯蘭研究中心董事長HRH Prince Turki Al Faisal、前聯合國助理秘書長暨聯合國兒童基金會副執行董事Kul Gautam、澳洲全球和平索引、經濟與和平機構創辦人Steve Killelea、英國「和平指導」創辦人Scilla Elworthy博士及南非開普敦大主教The Most Rev Dr Thabo C. Makgoba等六位共同展開大師對談「愛與慈悲」的重要性。並於第十場「全體會議」帶領現場二百餘位與會來賓體驗禪修。

心道法師與現場來賓分享他一生如何實踐愛與慈悲的故事，並闡述他為何認為愛與慈悲的價值對這個世界如此重要。心道法師表示因為自己從小經歷戰爭，「所以我學會從生命的苦難中去造福人群，希望世界人類是和平友愛的。」而啟發心道法師慈心願力開展的關鍵，來自於他聽聞慈悲救苦的聖者——觀世音菩薩的名號，內心產生很大的感動，開始知道什麼是對人有同情心，要如何去關心人。「那是一種慈悲的磁場和愛的力量的融入，讓我決定跟

隨觀世音菩薩的慈悲與願力。」心道法師體會到整個世界是一個相互依存、多元共生的生命共同體，希望用「決定性的慈悲」，幫助這個世界有所轉變。心道法師認為透過禪修可以培養慈悲的本質，讓心安定下來，從寧靜沈澱中純淨自我，從純淨中產生真愛與慈悲。因為禪是生命共同體的發現，也是慈悲喜捨的貫徹。

2.宗博館法海寺壁畫特展

繼二〇一一年，世界宗教博物館十週年館慶首度與北京首都博物館合作推出「智慧華嚴——北京首都博物館佛教文物珍藏展」，以及二〇一二年宗博館至北京首都博物館展出「世界宗教博物館宗教藝術文化」特展後，宗博館再度與首都博物館合作推出「重彩流金六百年——壁畫 故事 法海寺」特展，展出北京法海寺珍貴的明代壁畫。這是臺灣首度展出這一珍貴的壁畫藝術寶藏，以三種角度完整呈現法海寺壁畫的藝術價值與宗教意涵，重現原本只能在中國才能見到的珍貴明代宮廷風格壁畫。

法海寺壁畫是明英宗正統四至八年（西元1439～1443年）由皇家御用監大太監李童指派宮廷畫士官宛福清、王恕，畫士張平、王義、顧行、李源、潘福、徐福林等十五人，在明朝皇家宮廷寺院法海寺大雄寶殿繪製。全部壁畫由〈水月觀音圖〉、〈文殊菩薩圖〉、〈普賢菩薩圖〉、〈帝釋梵天禮佛護法圖〉、〈佛眾赴會圖〉、〈祥雲圖〉等組成。

法海寺壁畫最大的特色就是重彩與流金，濃厚多彩的顏色、用金箔勾勒出線條，氣勢非凡。展館分三區，第一部份為畫作臨摹，因法海寺壁畫怕受到光害損傷，寺內一片漆黑，不容易看出畫作的細節，透過臨摹的展出，更能看清楚精細之處。第二部份是多媒體區，透過投影、燈光和空間營造，體驗身在法海寺大雄寶殿觀賞壁畫的感覺。另有文物、繪畫技巧、歷史介紹等靜態區。

五、GFLP緬甸計畫

　　緬甸是心道法師的出生地,心道法師說:「緬甸是佛陀留下最珍貴的遺產,佛教是它最精闢的文化,所以要好好保護,深耕推廣,散播在世界人心,這是緬甸給世界最好的禮物。」多年來,透過靈鷲山在緬甸的據點——緬甸國際禪修中心法成就寺,在緬甸辦理「愛與和平地球家緬甸計畫」,包括大雨托兒所、弄曼農場、佛國種子獎助學金、僧伽高等教育留學計畫等;以及各項急難救助計畫,如二〇〇八年的「納吉斯」風災,靈鷲山動員全球信眾,深入伊洛瓦底江三角洲地區賑災重建。

　　另外,每年的緬甸朝聖供萬僧活動,已成為靈鷲山年底的重要行程。朝聖團依循佛陀足跡,探尋佛教源頭,同時見證緬甸佛國聖地,讓佛陀的弟子親見佛陀留給後世佛子的人間淨土,並啟建數場的供萬僧法會,藉著恭敬布施,斷捨內心的貪、瞋、癡,種下生生世世的佛法種子。

　　靈鷲山也於二〇一三年殊勝的朝聖供萬僧之旅期間,首度舉辦「短期出家修道會」。二〇一四年,靈鷲山再度於法成就寺舉辦第二屆「短期出家修道會」,來自全球各地的佛子,由緬甸全國上座部僧伽委員會長老以及三藏比丘(Sundara),為新戒尊證,並由緬甸仰光全國上座部國立佛教巴利大學副校長鳩摩羅尊者(Ashin Bhddanta Kumara)主持剃度儀式。心道法師也在剃度儀式圓滿時開示:「感恩眾緣成就與諸位賢聖僧的蒞臨加持,讓緬甸的原始佛教能夠藉此推廣與傳揚,也讓緬甸國內與國際上學佛的弟子,得到這份的學習。」

　　隨著緬甸國際地位的提升與逐漸開放的情勢,心道法師近年來亦關心以佛教為國教的緬甸,受到外來文化的同化,進而影響原始佛教比丘托鉢的生活形態,越發顯示以供僧來維護佛法傳承的重要性。心道法師表示,緬甸面臨開放的衝擊,在增進經濟成長,提升生活品質之餘,更需要有良性的轉換以保存優良的佛陀教法與文化,讓正法長久住世。心道法師每年帶領朝聖團來到緬甸,即是希望團員來此學習古老佛國清淨無染、無欲無求的生活。而心道法師更希望能對保存緬甸佛法及其傳承盡份心力,不讓佛法文化隨著經濟市場的競爭,逐漸消沈、沒落。

二〇一四年，心道法師數度前往臘戌弄曼農場進行探勘，希望未來在弄曼農場興建一座國際禪修道場，用以傳承、發揚緬甸寶貴的佛教精神，接引全世界的佛弟子，深入修習禪法，展開佛法學習的四期教育，自覺覺他、自利利他，以慈悲與愛心，再加上願力，帶動每個人心念的正向循環，讓善業永續，為社會全體帶來最大的光明，成為世界上最美的人間淨土與美好的生命和平燈塔。心道法師說：「未來，我們會在臘戌弄曼農場做教育與慈悲的事：以教育文化建立正面、積極、樂觀、愛心的生活態度，用以改善、創造良好的生活環境，將此地變成大家學習佛法、慈悲與開智慧的地方，不管種族之分，我們都是兄弟姐妹，沒有分別，只要來到這裡，就可以安心學佛。」希望能夠幫助緬甸，讓大家不分種族，團結一心、和諧共存，一同耕耘這個地方。

結語

二〇一四年為靈鷲山開山第三十一年，也是靈鷲山的封山安居精進年，主要原因就是希望大眾能好好回歸自我內心，明瞭佛法難聞的殊勝，能時時刻刻在戒、定、慧三學中觀照內心，把「真心」找回來，找到生命的出路與方向。心道法師在開山週年慶上開示：「所謂的傳承就是傳承佛法，讓我們跟廣大的生命相互銜接、連結，讓生命這份善的循環，能夠生生不息的延續下去。」勉勵大家隨時隨地於起心動念之際時刻觀照自己的心，找回內心覺性，對世間一切無常能無所住而生其心，無障礙地去貫徹實踐。

靈鷲山二〇一四年在各地講堂所推動的「靈鷲人快樂大學習」，希望四眾弟子從內心轉換開始，轉識成智，看見生命的光亮，進行生命和平大學習；無論從教育、朝山、禪修，或是參與水陸法會等法會活動，都是認真學習佛法的場域，而日常生活的點點滴滴，都是我們能轉換心念的練習場，以此來養成我們基礎的佛法人格，進入佛乘之道。

藉由這些學習，可以獲致心靈的寧靜與空性的般若智慧，以正知正見找回生命的價值，傳達「心和平，世界就和平」的理念，將佛陀法教的愛與慈悲精神弘揚於世間，這也是靈鷲山封山安居的最初本懷，也是心道法師修行以來不變的初衷。

壹月
January

非洲ACC院童參觀宗博館
傳遞生命的感動

　　元旦當日，世界宗教博物館來了一群在中文佛化環境中成長的非洲孩童，他們來自於阿彌陀佛關懷中心（Amitofo Care Center, ACC），跟隨著導覽員參觀宗博館學習愛與和平的智慧。參觀後，院童在金色大廳即興演唱許多曲目，表達對臺灣人的愛心與感動，參觀宗博館的觀眾也驚喜參與了這場美聲天籟音樂會。

　　阿彌陀佛關懷中心是由臺灣慧禮法師創辦的國際非營利組織，遍及南非、馬拉威、賴索托及史瓦濟蘭等國，庇護超過三千名當地孤兒，並提供院童全天候的教育及食宿。每年中心都會邀請院童來臺灣慈善巡演，分享他們與生俱來的表演天賦，內容包括非洲歌舞、梵唄唱頌及中華武術等表演，讓人們看見世界上每個生命的無限潛力。

→ ACC 院童在宗博館
　金色大廳即興表演。

人間觀音與師有約
感恩 騰躍 心紀元

二〇一四年靈鷲山正式邁入第三十一年，護法會進入第二十四年，過去累積的成果讓靈鷲山打下穩固的根基，在三十年後的今日，便應該要有一個嶄新的轉換與提升，在過去的基礎上往前邁進，開展下一個高峰。因此，心道法師便於農曆歲末年終之際，至全臺各區會講堂，為長久付出貢獻的護法委員們加油打氣，感恩他們一路的護持以及為未來承擔的勇氣，讓佛行志業持續向前。

心道法師在九場的與師有約活動中，分別就靈鷲山在第三十一年啟動的轉換、封山與四期教育，給予護法會成員們開示。心道法師說：「我們要用四化——淨化、質化、優化、聖化，來轉換團隊；而為了要轉換、成就靈鷲山共同的願景，就以封山來為轉換做準備。我們應該團結齊心、回歸總本山，並且收攝反省、向內扎根，貫徹四期教育的集中修持、完善制度及永續組織，以銜接更多的善緣，為社會做更多的貢獻。四期教育是我們個人修行的目標，也是佛陀圓滿的教育，學習四期教育，可以讓我們知道佛法對自身真實的利益，不僅能夠熄滅自心的煩惱、止惡行善，也能夠促進善業的循環。」

↓人間觀音與師有約：新北場。

→腾躍就是超越找不到
　人生方向、目標與價
　值的資訊時代。

● 與師有約場次時間表

時間	區會 / 地點
01/03	臺北市區 / 臺北講堂
01/08	東區 / 蘭陽講堂
01/10	西區 / 桃園講堂
01/12	新北市區 / 新北市分院
01/12	基隆區 / 基隆講堂
01/16	臺中區 / 臺中講堂
01/17	嘉義區 / 嘉義中心
01/18	臺南區 / 臺南分院
01/19	南區 / 高屏講堂

此外，心道法師也提到，在現今資訊爆炸的時代，人們常會被時代吞沒而找不到人生的方向、目標與價值。想要超越這個時代，就是要找回自己，而找回自己的方法無他，學佛而已。可以用禪修、念佛、念咒的方式來找回自己，進而創造時代。最後，心道法師期勉大眾一同在靈鷲山這個大家庭裡學習與奉獻，共同往菩薩道修行、轉換，成就靈鷲山為人間佛國的願景。

↑人間觀音與師有約：宜蘭場。

↑人間觀音與師有約：基隆場。

↑人間觀音與師有約：臺北場。

↑人間觀音與師有約：桃園場。

↑人間觀音與師有約：臺中場。

↑人間觀音與師有約：嘉義場。

↑人間觀音與師有約：臺南場。

↑人間觀音與師有約：高屏場。

以四化轉換團隊貫徹四期教育
心道法師與師有約開示

今年是靈鷲山的封山安居精進年，師父跟山上的常住法師們要閉關一年。所謂的閉關，因為靈鷲山需要騰躍的超越，整體做一次大轉換，因此需要內部的轉換與訓練。我們先從法師開始，先提升法師的質，讓每一位法師都會講法，都能熟悉四期教育的法教與意涵。除了法師以外，希望護法會每位善信都能有所承擔，每一個幹部都要成為講師，一起加入弘法的行列。

↑ 我們是接線生，搭起眾生跟佛之間橋樑、通訊的網路，讓大家都有機會接觸佛法。

大家對佛法的認知需要再加強。我們為什麼要做這些佛法的事情？為了自己。對自己有什麼好處？我們都會生死輪迴，輪迴是從因果來的，我們從因果來、從因果去，每天、每時、每一刻在做什麼，都是有因有果，都是記憶，有記憶就有輪迴。所以，要控制管理好自己的記憶，讓生生世世都能夠大豐收。今天跟師父有約，大家都成為師父的弟子，如果前輩子沒有種下跟師父的因緣，今生是不會碰到師父，師父也不可能跟大家有連結。因為過去生我們就連結在一起，未來我們還是會連結在一起，這就叫做菩薩道的連結。

菩薩就是連結願力，沒有願力我們不可能在一起，也不可能成為一個團隊。因為我們的願力，所以我們成為一個團隊。師父的弟子，不是皈依完，然後過各自的生活，這樣是沒有願力。學佛要去實踐、去學習，要能反省自己能學得好嗎？沒有共修的團隊，各自回去顧孫、顧小孩、顧肚子，這樣怎麼可能用功？所以我們需要團隊，大家一起共修，相互扶持、鼓勵，你牽著我、我拉著你，共修〈大悲咒〉、共修佛經，一

↑ 家庭、親戚、朋友、社群，是大家的網絡，也都是要去點燃
願力的地方。

起做很多善事。

我們的服務系統就像網路一樣，大家彼此環扣、彼此是生命連結的網路。所以，我們做委員、做會拓、生命關懷，這些都是我們跟眾生的連結，也連結每一個常委、委員、會員。

會員是委員的根，是護法會的基本。沒有下面的根，護法會就推動不起來，我們的菩提心就推不出去。如果不斷地把委員、會員延伸出去的話，資源是用不盡的。現在只要連接上網路，幾千人、幾萬人便馬上連結起來，我們的講堂、法會、靈鷲山，甚至師父，整個靈鷲山弘法利生的志業，都是我們跟眾生連結的接點。

二〇一四年是靈鷲山騰躍大時代的封山安居年，也是轉換、大學習的一年。我們有共同的願景，希望靈鷲山是一處人間佛國，大家共同往菩薩道修行、

轉換，成為聖化的靈鷲山。靈鷲山是邁向三十一年的團隊，護法會也邁入二十四年，在這嶄新的一年，為了成就大家共同的願景，要有四個轉換——淨化、質化、優化、聖化。期許靈鷲山全體徒眾團結齊心回歸總本山，收攝反省、向內扎根總本山，貫徹四期教育及宗門修持，完善制度及永續組織，才有能力銜接更多的善

↑護法委員就是佛法大使，給人希望、方便與信心。

緣，將來為社會做出更好的貢獻。

封山這一年希望以這四化，達到回歸總本山、扎根總本山、鞏固總本山、建設總本山的目的。第一個，淨化，有共同的規約、規範，才會是一個菩薩道的合格道場。所以大家要有六和敬：見和同解、身和同住、口和無諍、意和同悅、戒和同修、利和同均，這是佛陀留給我們僧團共住原則的智慧。

質化是貫徹四期教育，以達到教育即組織、組織即弘法的目標。四期教育是我們要貫徹的總目標，也是個人修行的終極目標、佛陀的圓滿教育。不分宗派的學習四期佛法教育，使我們知道佛法對自身真實的利益在哪裡，不僅能夠息滅自心的煩惱，止惡行善，促進善業的循環；對生命觀有更扎實的方向，家庭有秩序，親朋得到安樂，社會相對也得到淨化，達到更大的安定與和諧。

優化是服務流、資訊流、人流、物流都要優化。護法會成立至今二十四年，我們反省創立的初衷，就是為了護持靈鷲山，以及上師三寶的傳承，也就是生命服務生命、生命奉獻生命。因此團體要優化，轉換護法會委員，會員不斷地鞏固自己的菩提心，落實護法會的組織系統，積極承擔護法會的使命跟權責。護法會的任務要更緊密地連結到總本山的聖山計畫，讓靈鷲山成為生命和平文化的大搖籃，然後我們可以達到僧住僧位、法住法位、護法住護法位的「聖化」。

聖化是釐清我們的角色定位與責任。法師、職工、護法,是三位一體,我們共同發心,目標一致。在清楚的角色定位下,更能夠共同承擔傳承佛法、利益眾生。

除了四化之外,我們的身口意也要轉換習氣,四眾弟子都要落實修行,以佛法帶人,以正面、積極、樂觀、愛心與慈悲來接引周遭共同的修行者。處事要以事練心,處處觀照、時時觀照,不失修行本懷,轉換身口意不好的習慣,達到身口意三好——身,符合佛法,如禮如儀,行儀令他人產生敬仰;口,分享佛法的體驗;意念,日常生活以無所得去安住。

另外還要有五德,即正面、積極、樂觀、愛心、願力,這是我們靈鷲山接引信眾、處事的態度,遇到任何的事情都要正面、積極、樂觀,重要的是要有愛心,沒有愛心,我們做任何事都是假的;有了愛心,我們還要有願力,才不會斷斷續續,有願力才會持續地做利人利己的菩薩事業。

所以,我們要用三好、四化、五德、六和,來結合我們的宗風傳承。靈鷲山以「慈悲與禪」為宗風,進而開展華嚴的聖山志業。今年師父得到緬甸國家最高榮譽的「大業處阿闍梨最高禪修成就獎」,緬甸是重要的南傳佛教國家,以禪修著名,擁有非常多實修的尊者與成就的羅漢。所以師父得到這個獎是非常難得,表示靈鷲山的禪獲得肯定,因此我們更要以禪修貫穿四期教育,一同走向成佛之道,創造靈鷲山為人間佛國的願景。

→ 我們的心成了佛,所做的事就會有良性的循環。

桑給多傑大仁波切訪宗博館
從佛法中發現快樂

　　不丹五大仁波切之一的桑給多傑大仁波切參訪世界宗教博物館，並前往靈鷲山無生道場拜訪心道法師，兩位大師相談甚歡，給予彼此溫馨的新年祝福。

　　仁波切表示，心道法師創建宗博館散播愛與和平的理念，讓參觀者看到不同宗教信仰對生命各階段的期許與照護，各大宗教建築模型也呈現了多元文化，是非常美好的一件事。仁波切也贊同心道法師從日常生活中落實信仰與生命教育的重要性。他提到不丹人民的幸福感正是由於佛教普及，不丹的孩子大約在十歲以後所受的學校教育中，就必修佛學課程；而百分之八十以上的不丹民眾信仰佛教。或許這份單純幫助人們用簡單的信念過生活，節制了欲望，快樂自然在滿足感中產生。

↓心道法師（右）與桑給多傑大仁波切分享閉關心得。

宗博館「歡喜迎馬年」特展
以多元媒材詮釋馬的意象

　　世界宗教博物館策劃推出「歡喜迎馬年」特展以迎接馬年，並特別以創辦人心道法師墨寶「騰躍大時代」，祝福大眾馬年吉祥如意。本次特展邀請當代藝術家策劃展覽，以馬年為主的創作手法，重新詮釋馬的意象，透過禪師及藝術家不同面向的創作，突顯宗博館多元文化包容的精神與目標。

　　策展人邀集多位藝術家運用木頭、壓克力、水墨等媒材創作，打開觀眾的想像空間，觸動對美及不同媒材的體驗與感受，達到美術教育中寓教於樂的學習效果。形形色色的馬型藝術品擴大展場的視覺想像，心靈隨著活潑的線條、色彩舞動起來，對於未來也生出積極躍升的祝願。

←「歡喜迎馬年」特展
　以豐富的創作形式呈
　現宗博館多元文化包
　容的精神。

甲午馬年迎新春
騰躍大時代

每年新春期間上靈鷲山拜佛、點燈、祈福，祈求好運的信眾絡繹不絕，二〇一四年也不例外，靈鷲山從初一到初七舉辦多項新春活動，包括新春祈福法會、新春團拜迎財神等轉運活動，以及在山海天人的景致中體

↑新春期間與心道法師一同喝福圓茶，帶回滿滿福氣。

驗平安禪。信眾亦可在聖山寺金佛園區禮讚金佛，感受南傳佛光加持，為新的一年帶來平安、圓滿、成功；金佛園區並首度開放民眾參觀禮拜靈感放光玉佛及多寶臥佛，讓大眾忙碌的身心淨化，騰躍大時代。

「佛法說的時間觀是過去、現在與未來，過去生做了好事，今生一定會遇好的事情，所以今生做好，來生才會更好。」心道法師期勉大眾多與佛結緣，跟隨佛學習解脫煩惱與生死，成就生生世世的大智慧。

貳月
February

靈鷲山出版社參展臺北書展
接引民眾從閱讀中領受法教

　　第二十二屆臺北國際書展於臺北世貿一館開展，靈鷲山出版社秉持「傳承諸佛法，利益一切眾」的精神，於書展期間向社會大眾推廣靈鷲山「慈悲與禪」的宗風，創造大眾認識靈鷲山的機緣，進而從閱讀中領受心道法師的法教，讓參觀的民眾薰染書香與禪味，長養慧命。

　　書展現場不僅以展示書籍與法寶傳遞善知識，工作人員也熱心介紹靈鷲山教團的弘法理念、發展歷史與公益事業，並特別舉辦「擲出好運年」活動，吸引大批對佛法、對靈鷲山有興趣的民眾參與。

　　靈鷲山出版社傳承諸佛智慧，利益有情眾生，在本次書展中展示心道法師著作、佛典善書，以及禪修、生命教育、弘法、國際宗教交流與聖地行腳等類的書籍，透過圖書出版品弘揚佛法的正知、正念、正覺，實現人生佛教的理想。無論是希望在心靈層面得到成長躍進的朋友，或是想更進一步與靈鷲山結緣的讀者，都可以在靈鷲山出版社找到啟發的契機。

→靈鷲山出版社於二〇一四台北國際書展，展出朝聖、禪修、心靈等優質出版品。

第十四屆青年佛門探索營
慈悲有愛 生命無礙

　　靈鷲山第十四屆青年佛門探索營，以「佛的愛，無所不在~ We are 佛 in Love」為主題熱烈展開。探索營的學員在法師的帶領下，於四天三夜的學習體驗中探索生命的意義。課程包括早晚課共修、佛門行儀、過堂、出坡、寂靜禪鼓、朝山、懺摩…等佛門生活體驗，以及快樂生活禪、行禪、養生功法、靈山尋寶、與法有約、願力之夜、心光大道…等身心靈探索。

　　心道法師說：「慈悲就是無盡的喜捨、無盡的奉獻，這是我們生命最好的回饋。」佛的愛無所不在，無盡的喜捨奉獻，就是對生命最好的回饋。在心道法師的諄諄教導中，學員們體會生命是共同成長、彼此學習，在異與同之間發現生命的力量，實踐佛陀慈悲與愛的智慧。

↓ We are 佛 in Love：慈悲是生命的活水；愛心是生命的力量。慈悲有愛，生命就無礙。

護法會全國委員聯誼
人人都是佛法大使

在靈鷲山啟動封山安居、全體法師精進閉關前，靈鷲山護法總會於聖山寺金佛園區舉辦護法會全國委員新春聯誼，並恭請心道法師親臨現場勉勵弟子。

心道法師鼓勵委員好好經營生命，「我們的家就在菩提心，我們的家也在三寶，佛是願景、法是道路、僧是伴侶。人生是一個輪迴的生命，在這輪迴的生命裡，我們釐清了一條路要走，就是生生世世共同連結、共同邁向成佛的智慧之路。」心道法師並感謝委員的承擔，「因為有你們的承擔，僧眾才能專心於四期教育的學習，護法會和僧眾是一條心的。」

二〇一四年是僧眾閉關精進年，靈鷲山首座了意法師與當家常存法師皆提醒護法大德謹記心道法師對弟子的期許，時時精進、學習佛法，並依循四期佛法教育的進程，共同邁向成佛的智慧之路。

封山前夕，如此殊勝因緣聆聽上師與法師開示，委員明白了學佛的進程，領受琢磨覺性的修行法門，自心發起度眾的願力，更在心中開闢了明確的成佛軌道。

→心道法師期盼護法委員們發願做好善業因緣的網路。

参月
March

日本高野山宗長訪宗博館
法燈無盡心傳心

日本高野山真言宗宗務總長添田隆昭一行參訪宗博館，對創辦人心道法師的理念和其看待世界的宏觀態度留下深刻印象。靈鷲山與高野山的友誼緣自二〇一一年日本311大地震，靈鷲山經由高野山協助將賑災物資送至災民手中，因此高野山宗務總長此行特別代表日本民眾感謝靈鷲山的協助。

高野山宗務總長添田隆昭說：「宗博館是一座按照華嚴教義實現多元融合的場域，雖然平時我對佛教接觸最多也最瞭解，但在這裡看到各種不同宗教，感到很新鮮，也期待未來高野山和靈鷲山有各種形式的合作。」

宗博館邀請嘉賓們為此行簽名留念，教學次長橋本真人寫下「南無大師遍照金剛」；教學部長小藪實英題字「一花即一佛」；宗務總長添田隆昭所寫「法燈無盡」取自《維摩經》，點出宗博館呈現多元宗教文化、為散播人心希望的光明而努力，也呼應靈鷲山開山三十週年發願的「立禪風、傳心燈」，也是二〇一三年宗博館「禪示天地」特展以心傳心、傳播慈悲與智慧光明之意旨。

→日本高野山真言宗宗務總長添田隆昭（右三）率團訪宗博館。

江蘇寒山寺方丈來訪
兩岸佛燈同願愛與和平

　　中國江蘇省蘇州寒山寺方丈秋爽法師，以及江蘇省宗教事務局副巡視員馬冬青、蘇州市民族宗教事務局民族處處長談庚元等四十餘人，參訪靈鷲山無生道場及聖山寺金佛園區。

　　參訪團先至聖山寺金佛園區，瞭解置於金佛殿外的靈感放光佛及多寶臥佛的由來，再進入金佛聖殿，向來自泰國的三尊金佛頂禮敬拜及舉行供燈儀式；隨後至無生道場，於觀音道場頂禮多羅觀音，體會靈鷲山慈悲與禪的宗風。

　　秋爽法師肯定心道法師傳承三乘法脈，開啟愛與和平的大格局。馬冬青則稱讚心道法師的胸懷：「我們是佛教徒，和全世界所有人類的共同願望，就是世界和平，靈鷲山的理念值得大家學習。」

↓參訪團一行讚歎心道法師為愛與和平願景所付出的心力。

大業處阿闍梨最高禪修獎
心道法師平安禪法最高肯定

靈鷲山開山住持心道法師榮獲緬甸國家最高榮譽「大業處阿闍梨最高禪修成就獎」，由緬甸全國上座部佛教頒贈，這是繼二〇〇六年獲得緬甸「國家最高榮譽——弘揚佛法貢獻卓越獎」、二〇一一年獲頒「傳授禪修卓越優秀獎」之後，更進一步地獲得禪修成就的殊榮。三度獲獎展現心道法師長年以來在國際間推動宗教和諧、生命教育、促進世界和平的慈心願力，也是對心道法師畢生苦修實證所凝鍊出的平安禪法之最高肯定，更是所有弟子的驕傲。

↑ 心道法師獲頒緬甸全國上座部佛教「大業處阿闍梨最高禪修成就獎」。

心道法師長年致力於推動國際間各宗教交流與促進世界和平，將畢生頭陀行苦修實證的禪修體驗——寂靜修，凝鍊成平安禪法獻給世人，並因應現代忙碌生活而濃縮成從小學生到老人都輕鬆易懂的「寧靜一分鐘禪」，將寧靜運動推廣到全球各地，傳達「心和平，世界就和平」的安心之法。

受獎前，心道法師先與其他得獎者一同接受緬甸總統登盛（Thein Sein）以傳統法儀進行「供僧」及「滴水功德」迴向，儀式隆重莊嚴。對於獲頒成就獎，心道法師表示：「獲得最高成就獎，就是希望我在禪修方面，能夠做更多的奉獻跟服務，教導更多人來禪修，讓每個人的心靈都得到和諧；更希望世界

上每個人都能夠重
視禪修、學習禪
修，得到心靈的和
諧，走入涅槃的家
園，把我們佛陀的
教法傳播得更廣、
更深、更遠。禪
修，就是回歸我們
的靈性，也能回到
和平的本來。心和
平，家庭就和平，
社會就和平，世界
也就和平。禪，也
就是生命和平的大
道。」

↑心道法師接受緬甸總統登盛（Thein Sein）以傳統法儀進行「供僧」
　儀式。

→心道法師獲緬甸最高禪修獎肯定後，仍將繼
　續向世人推動讓心靈寧靜的平安禪法。
↓心道法師出生於緬甸，在此學習、實踐佛法
　文化，進一步於全世界推動讓心靈平安幸福
　的禪法。

45

心道法師緬泰弘法行
勉眾人時時觀照內心的寧靜

心道法師結束緬甸大業處阿闍梨最高禪修獎受獎行程之後，前往靈鷲山位於緬甸北部臘戌的弄曼農場巡視；並受邀參與於泰國北部熱水塘舉辦的第二十一屆泰北329公主盃反毒青年運動會，為泰北孤軍戰史館奠基儀式主持灑淨；並主法一場觀音祈福法會。

↑心道法師（左二）在泰北「公主盃反毒青年運動會」，鼓勵所有青年都要堅定意志，克服毒品的誘惑，找到人生的方向。

緬甸是心道法師的成長地，為了傳承與弘揚緬甸寶貴的佛教精神，靈鷲山於仰光成立法成就寺國際禪修中心，接引全世界的佛弟子來此精進修行。多年來，靈鷲山也透過法成就寺在緬甸實行「愛與和平地球家」緬甸計畫，包括：大雨托兒所、弄曼農場、佛國種子獎助學金、僧伽高等教育留學計畫等。此次受獎之行結束後，心道法師前往弄曼農場探勘，和工程師討論規劃農場的方向。未來弄曼農場將成為兼具禪修、醫療、孤兒院、有機農場及教育等多功能的修行道場。

曾為泰緬邊境、異域孤軍一員的心道法師，為鼓勵青年朋友拒絕沉淪、活出自己生命的尊嚴，特別贊助泰北反毒青年運動會五十萬泰銖，鼓勵當地青年向上精神；以及贊助泰北教師聯誼會教師退休安養基金一百五十萬泰銖，支持當地華僑教育永續經營，讓傳統文化開枝散葉。

心道法師對運動會現場學生開示：「不要因為一時的快樂，造成沉淪的理由，自我麻痺、自我陶醉，成了受毒品控制的亡命之徒。應該爭取更多的善緣，成為助緣、成為自己最大的成功動力。」隨後於開幕式上帶領大眾做「寧靜一分鐘禪」，傳達「心和平，世界就和平」的理念，並贈送每人一副寧靜手環，提醒自己不管身在何方，都要時時觀照內心，刻刻分享祥和喜樂。

世界宗教和平春祈會
百萬手印祈和平

　　由世界宗教博物館、中華民國宗教與和平協進會、中國宗教徒協會、中華民國宗教建設研究會聯合主辦的世界宗教新春和平祈福會，邀請臺灣各宗教代表、駐臺使節及新北市市長朱立倫等各界貴賓，蓋下和平手印，傳達眾人對和平的堅定與企盼；並邀請大眾一同參與「百萬手印祈和平」活動，呼籲每人每日和平祈禱一分鐘，讓人心和諧、社會安定，找回內在的安定力量，並讓外在世界由此獲得和平，共創愛與和平地球家。

　　宗博館發展基金會執行長了意法師致詞時提到：「宗博館每一年的春天都要凝聚所有宗教的力量，為世界祈禱不要有戰爭、只要有和平，希望大家用內在的和平來騰躍大時代！」

　　隨後各宗教界代表共同宣讀春祈會聯合宣言，宣揚大眾對和平的渴望；宗教代表並蓋下自己的手印，最後呈現出和平鴿的形象，代表「尊重、包容、博愛」的精神將傳遞到世界各個角落。

↓透過各宗教不同的祝福，祈願在新的一年，人人都能共享生命與和平的喜悅。

第四屆全國普仁獎頒獎
關懷生命 禮讚生命

靈鷲山第四屆全國普仁獎頒獎典禮，於集思交通部會議中心舉行，以簡單隆重的頒獎儀式為生命教育見證。副總統吳敦義、新北市副市長侯友宜皆出席典禮並頒獎，肯定每個普仁小太陽的善德光輝，讓這些優良品德表現出的溫暖善意，遍布於社會每個角落。

二〇一四年共有二十六位小朋友獲選全國普仁獎，包括十七位國中生及九位國小生，藉由獎勵與表揚獲獎者，促進社會重視及落實品德教育。頒獎典禮由靈鷲山國際青年團以熱舞開場，展現生命的活力；並特別安排「偶偶偶劇團」以戲劇演出，將關懷、利他、布施的精神貫穿整場典禮，讓得獎的孩子們在接受表揚之際，也接觸藝術形式的生命鼓舞。

心道法師曾說：「要用關心、愛心、慈悲心來服務社會。」普仁獎不僅只是一份獎學金，更是藉由獎勵、表揚、推廣品德的過程，進而將普仁獎訊息廣布於各地，以發掘更多優秀的普仁小太陽，促進社會良善風氣開展，崇尚品德教育落實。

↓普仁小太陽，以美好的品德帶來生命的希望。

基隆清明懷恩法會
悲心周遍度眾生

靈鷲山基隆講堂主辦的清明懷恩大法會暨敬老祈福活動，在二〇一四年邁入第十五年，特別設立「總集藏傳五財神大圓滿祈福區」，讓民眾祈求全家圓滿吉祥。法會期間大眾共修《地藏經》，迴向基隆地區平安和諧，也祈求世界和平、地球平安。

主法法師對大眾開示，「慈悲心應時時刻刻升起，不只是法會期間才做普度善事，我們只要在心中想想，這些無祀的孤魂眾生是我們的累世父母、兄弟姊妹，是否會感到不捨？是否就能發心為他們做好事？如果我們都能升起慈悲心，無論任何際遇，就都能消除紛爭，不再有貪瞋癡。」

今年的白米贊普活動獲得白米捐助超過一千斤，法會圓滿之後均贈送給地方低收入戶與弱勢團體，落實大愛精神。

↓清明祭祖表達孝心，藉由法會，為長輩祈福延壽、超薦祖先及冤親債主往生淨土。

富貴金佛平安遶境
騰躍大高雄 繁榮南臺灣

靈鷲山富貴金佛第二度在大高雄地區平安遶境賜福，這是繼二〇〇九年後，再次以金佛護佑高雄全境平安，讓人人知足惜福、得心靈富貴。靈鷲山首座了意法師欣喜大眾皆有這樣的良緣，希望佛法為世間和諧盡一份力，佛光遍灑、成就菩提種子。

遶境路線以「加持南臺灣經濟命脈」、「鳳山地區藝文展演與踩街」及「聯合高雄地區宮廟交流」為主軸，並以「簽收富貴」、「與富貴佛牽手」、「全民接富貴」象徵佛走入民間，讓民眾體驗富貴金佛普照大高雄的佛恩法喜，為國泰民安虔誠祈求，也為生命帶來信心與希望。

心道法師曾說：「內心不缺即是富，學佛即是貴；知足、學佛即是富貴。」靈鷲山富貴金佛是一尊照顧民生、走入人群的「遶境佛」，時值全球經濟復甦遲緩、民心紛擾的關鍵轉換時刻，在大眾虔誠歡喜地迎接富貴金佛時，不但蓄積了福慧資糧，更從施捨善願中感染富貴福氣，讓富貴資糧騰躍大高雄、繁榮南臺灣。

→富貴金佛普照南臺灣，這是繼二〇〇九年之後再度與港都結緣，為大高雄地區民眾厚植福慧養分。

第十二屆宗教文學獎贈獎
用愛連結宗教與文學

　　由財團法人靈鷲山佛教基金會、世界宗教博物館、聯合報副刊共同主辦的第十二屆宗教文學獎,於臺北市長官邸藝文沙龍舉行贈獎典禮。

　　今年小說徵件收到兩百四十一篇,新詩則有三百二十四首來稿,數量明顯超過往年,顯見靈鷲山連年舉辦宗教文學獎,已獲文壇之重視。本屆各首獎分別為:短篇小說組蔡宗佑,作品〈失蹤〉;新詩組房靖荃的〈途中〉。

　　評審總召漢寶德透過賀詞表達祝福:「結合文學創作與宗教精神是文學發展的一條光明大道,在價值觀陷入混亂的今天,鼓勵年輕人正面思考,以愛為基礎,構思人間戲劇,是未來文明社會的希望。」

　　心道法師以宗教對生命的關懷為初衷,首開華人文壇先河創立宗教文學獎,創辦以來累積了許多闡揚各宗教生命關懷、探索人性價值的優秀作品,讓社會大眾在欣賞文學之餘,也汲取生命中的美好養分。

→宗教文學獎發掘許多優秀的作品與作家,實踐心道法師「藉由創作轉化人心」的理念。

肆月
April

大悲閉關21暨圓滿祈福會
凝聚慈悲 迴向地球平安

秉持著慈悲與禪的宗風，靈鷲山連續三年於無生道場舉辦「大悲閉關21」，大眾共同集氣正能量，讓慈悲佛音傳遞眾人祈求地球平安的願望，使人心和諧，以大悲善念轉化世間暴戾。

心道法師說：「經常誦持〈大悲咒〉能讓人產生悲心和愛心，因為〈大悲咒〉是份願力，具有很大的磁

↑以〈大悲咒〉迴向遠離一切災難，這是對眾生的慈悲。

場；〈大悲咒〉就像一把鑰匙開啟人們的大悲心，不斷誦持可以解決很多生活上的問題，滿足人們的願望，除去很多的病苦。」閉關學員追隨觀音菩薩聞聲救苦的精神，與傳承心道法師修持觀音法門的悲願，持續不懈地發心持誦，在這天災人禍頻仍之際，以佛教最虔誠的禮讚——大悲咒音的和平能量，讓社會和諧安定，充滿愛的能量。

二〇一四年的「大悲閉關21」於無生道場啟建後，集合了眾多佛子的大悲願力，至四月二十六日圓滿持誦一〇一萬二千六百一十一遍〈大悲咒〉。四月二十七日上午於華藏海大殿舉辦「大悲閉關21圓滿祈福會」，首座了意法師對現場大眾開示提到，人與佛之間的差別在於迷與悟，經過這21日的大悲閉關所產生的共修力量、善念共振，讓無生道場四周充滿了愛心與願力；觀音善種子亦深植眾人心中，讓大家回到世俗生活後，得以運用、發揮。

為延伸閉關學員精進持咒的法喜，邀請海內外各地信眾二十七日當天，回到靈鷲山總本山無生道場一起以「持咒經行」巡禮靈鷲山、頂禮佛法舍利，在這天災人禍頻仍之際，將眾人祝禱和諧慈悲的心念，迴向地球平安。

第二屆人類精神論壇
以愛與慈悲傳遞和平

心道法師以世界宗教博物館創辦人暨靈鷲山開山宗長的身分，受愛馬仕和平基金會（Guerrand-Hermes Foundation for Peace, GHFP）之邀，帶領靈鷲山代表團，參與於冰島首都舉行的第二屆人類精神論壇（Spirit of Humanity Forum）。論壇以「愛與慈悲在治理中的力量」為主題，邀請全世界在各領域已有重要貢獻的講者，以及重要組織機構的參與者，分享、討論如何以愛與慈悲的落實行動促進有效的改變。心道法師與靈鷲山代表團將佛教中的「慈悲」精神和宗博館「尊重、包容、博愛」的理念，與所有來賓分享交流。

心道法師於全體會議中，與聯合國教科文組織第三十六屆（2011-2013）大會主席暨匈牙利常駐聯合國教科文組織代表Katalin Bogyay、沙烏地阿拉伯費瑟國王伊斯蘭研究中心主席HRH Prince Turki Al Faisal、前聯合國秘書長助理暨聯合國兒童基金會執行委員會副主席Kul Gautam、澳洲經濟與和平研究所創始人暨執行主席Steve Killelea、英國和平活動家Dr. Scilla Elworthy及南非開普敦大主教The Most Rev. Dr. Thabo C. Makgoba等六位領袖，展開「愛與慈悲的重要性」大師對談。心道法師分享他一生如何實踐愛與慈悲的故事，並闡述愛與慈悲的價值對世界的重要性；另外也提到正在推動一所以「愛與和平」為教育主旨的

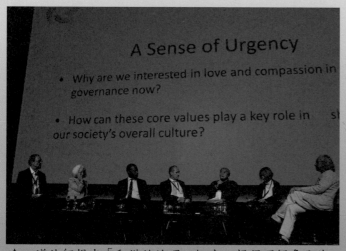

↑心道法師提出「和諧的治理」概念，提倡理解多元共生的真實需要，進而產生愛的互濟共生。

「生命和平大學」，以培養各類型、多元化、無分年紀的和平種子，在生命中治理的每一個環節做好和平的傳承。

閉幕式前，心道法師也受邀以一生實修的經驗，帶領兩百餘位來賓體驗禪修，引導大眾進入內在寬廣無邊的寧靜，讓參與大眾深刻感受與自己內在靈性對話的自在安定。

↓ 心道法師以禪修帶領大眾走入心和平的世界。

生命教育教材捐贈發表會
散播愛的正面能量

由世界宗教博物館主編、王月蘭慈善基金會贊助出版的《生命之愛・愛在臺灣「典範學習」少年生命教育教材》，是發掘臺灣十五位生命典範的故事，彙編為一套五本的教材。宗博館於四月十二日舉辦發表會暨「你是我兄弟・送愛到災區」弱勢關懷傳愛活動，將這些無私奉獻的典範推廣到全臺，引出每個人內在都存在的善種子。

書籍分為五大類：義勇足式、愛無疆界、濟世救人、懸壺濟世、族群融合，每一類各有三位主角闡述其無私的奉獻。藉由讀者的閱讀與學習，喚起臺灣古往今來的大愛精神，將這樣的態度持續與周遭的人分享、散布，起而仿效。

教材除了捐贈全臺二千六百五十所國小及五百七十六家圖書館之外，新北市文化局也補助「你是我兄弟・送愛到災區」關懷弱勢專案，將這套讀本提供作為災區孩子的心靈療癒教材，發揮預防性、支持性及發展性的悲傷療癒與心靈重建功能，幫助災區或弱勢孩子身心安頓、學習解決問題、建立生命意義、培養抗壓能力等生命課題。

←宗博館致力於推廣生命教育，努力將愛向下扎根。

心道法師德國教授禪修
從禪走向心之道

　　心道法師第三度受德國慕尼黑大學前宗教系主任Michael von Brück教授邀請，前往德國主持禪修。von Brück教授為心道法師多年好友，是一位牧師，同時在日本取得禪師資格，深入習禪。

　　心道法師教授的中國禪，每日早晨六點以坐禪開始，課程還包括功法、行禪與唱誦，最後再以坐禪收攝內心，回歸自心的寧靜結束一日的禪修。

　　四天的禪修讓學員們有許多的體悟，在最後一天互相分享，其中一位學員表示：「禪修期間全程禁語，看到很多人雖然不能講話，但卻都歡喜微笑，讓我覺得很溫暖。找到內心的寧靜沒有想像的那麼難，而且當我們內心寧靜的時候，更可以感受到彼此之間的真心。」

　　生命最珍貴的就是心的發現，心道法師鼓勵學員們一起走這條心的道路，「心的道路怎麼走？就是反覆做四步驟修行。禪修能夠進入我們的內在、瞭解我們的心、成就我們的心，是值得探討、投入與實踐的！祝福大家能夠成就涅槃、成就無生，我們能夠在心的道路上相見，每年都能夠看到彼此。」

→所有禪修學員在心道法師的帶領下，觀照自心，找到真正的寧靜。

中國宗教界和平委員會訪山
感受心道法師弘法願力

　　由中國全國政協民族和宗教委員會朱維群主任帶領的「中國宗教界和平委員會赴臺參訪團」，參訪靈鷲山無生道場與聖山寺金佛園區，時值靈鷲山舉辦「大悲閉關21」，也藉此感受佛音繚繞的莊嚴法喜。

　　參訪團在聖山寺金佛園區禮拜泰國金佛，並與靈鷲山法師代表茶敘，再到無生道場供花禮佛。朱維群主任表示：「靈鷲山面對大海，造就一個開闊的心胸，不僅在臺灣有廣大的信眾，在中國也開始有影響，兩岸之間有了很好的走向。」二〇一二年宗博館至中國北京首都博物館展出「臺北世界宗教博物館宗教藝術文化展」，獲得各界的支持與肯定，也牽起本次參訪團造訪靈鷲山的因緣。

↓中國宗教界和平委員會成員訪靈鷲山，肯定心道法師弘法願力。

心道法師致贈貢寮國中墨寶
書「正見正思」厚植善種子

新北市貢寮區貢寮國中舉辦「飛閱夢想‧知識啟航」圖書室揭牌儀式，靈鷲山開山住持心道法師墨寶「正見正思」也在儀式中首度亮相，提醒學子們觀察與思考的重要性，繼而成為一個完整的生命體。

心道法師長年關心善的傳播，為提倡生命教育建立世界宗教博物館，貢寮國中陳君武校長十分敬佩心道法師的修行及願力，特別邀請題字贈予貢寮國中，並懸掛於圖書室內與學生們分享。

靈鷲山代表妙用法師致詞時表示：「心道法師所題的『正見正思』，是佛教中八正道的前兩項要件，期望這幅墨寶能帶領學生走向成功與幸福，讓眼界擴及全世界。」

↓透過心道法師的墨寶，讓學子心中的善種子萌芽。

伍月
May

緬甸信仰與人文特展
展示南傳佛教的宗教饗宴

世界宗教博物館展出「黃金佛國——緬甸信仰與人文特展」，是全國首次完整介紹緬甸這一個以佛陀信仰傳承千餘年從未斷絕的國度。宗博館曾於二〇〇一、二〇一三年分別舉辦「藏傳佛教」與「中國禪宗」特展，為使

↑「黃金佛國」特展開幕典禮特別禮請緬甸上座部佛教僧侶到場誦經及浴佛祈福。

民眾對佛教有更完整的認識，二〇一四年特別規劃向大眾介紹佛教發展歷程中，傳播到東南亞的上座部佛教。

↑緬甸仰光全國上座部國立佛教巴利大學副校長鳩摩羅尊者講述「緬甸佛塔與信仰」。

世界宗教博物館發展基金會執行長了意法師於開幕時致詞表示：「今天是農曆四月八日浴佛節，也是『黃金佛國』特展開幕。宗博館不只是跨宗教的展覽平臺，對於每個宗教更有詳盡的展示與介紹，這次是帶給大眾認識緬甸信仰與人文的最好機會。」

為了讓大眾更貼近佛國文化，宗博館也特別禮請專程到臺灣講學的緬甸仰光全國上座部國立佛教巴利大學副校長鳩摩羅尊者（Ashin Bhddanta Kumara），於六月七日以緬甸當地聽聞佛法的方式進行「緬甸佛塔與信仰」專題講座。聽眾不僅親睹緬甸法師嚴謹的威儀，也從尊者講述的故事中，感受緬甸佛法的生活化，獲得法喜充滿的智慧。

佛光大金塔重要事件表

● 「黃金佛國──緬甸信仰與人文特展」系列活動表

日期	活動名稱
05/17	帶著舌尖去旅行：品嚐緬甸傳統美食
05/25	心靈手巧：生日守護神創意拼貼
05/31	字字斟酌・緬緬細語：專人導覽＋緬甸文體驗
06/07	「緬甸佛塔與信仰」專題講座
06/08	佛照之地：緬甸的佛教簡介
06/14	「緬甸佛教文化與生活」專題講座
06/15	深度之旅：佛的信仰與傳統生活習俗
06/29	傘下繽紛：揮灑圖騰
07/05	佛國緬甸：信仰與藝術
07/19	電影欣賞座談會《以愛為名-翁山蘇姬》
07/20	字字斟酌・緬緬細語：專人導覽＋緬甸文體驗
08/02	佛國僧侶：南傳與漢傳佛教的差異
08/10	佛國子民的易地新生：遷臺緬華移民的社群與文化
08/24	佛國的護「柚」：大自然色彩的療癒──植物・染

國際扶輪學生宗教體驗營
探索宗教 體驗生命和平

　　由靈鷲山國際青年團承辦的國際扶輪學生宗教體驗營，藉由國際交換學生活動，拓展青年的國際視野，成為正面、積極、樂觀，推動愛與和平的使者。

　　學員從宗博館展區入口的「百千法門、同歸方寸」開始，展開一天的宗教探索之旅。在淨心水幕前，將手放入水牆間進行潔淨儀式，因為宗教探索都是從潔淨心靈開始；再行走於朝聖步道上，展開屬於自己的朝聖之旅。在靈修區體驗寧靜，以自己的方式寧靜的和自己在一起；在「黃金佛國」特展中瞭解緬甸的人文與信仰；在世界宗教展示大廳觀賞不同宗教在信仰上的異同，學習這些宗教的信念與歷史。

　　靈鷲山當家常存法師致詞時表示：「宗博館創辦人心道法師肯定國際扶輪社舉辦的國際青年交換學生計畫，更重視各國青年能來本館宗教體驗，瞭解生命共同體的觀念。希望在短短行程中，讓各國學生輕鬆自由的探索，相互交流與學習。」

↓深入體驗宗教與生命教育的關聯，
以及愛與和平為人類共同的渴望。

第二屆國際哈佛青年營
承擔傳揚佛法善念的使命

在心道法師願力的號召下，一群青年於二〇一三年靈鷲山三十週年之際，成立靈鷲山國際青年團，並舉辦第一屆國際哈佛青年營。二〇一四年第二屆國際哈佛青年營擴大舉辦，在諸佛菩薩的引領下，順利圓滿了馬來西亞與臺灣兩地的活動，過程中的慈悲喜捨以及感動滿溢於所有人的心中。

↑在營隊裡學習將我執放下，學習如何與人和諧相處。

國際哈佛青年營課程首重《心經》的傳承教學，靈鷲山當家常存法師鼓勵學員背誦《心經》，熟知佛門行儀，深入經藏、使法入心，只要心淨虔敬，人人皆是佛。整個營隊充滿了慈悲喜捨的願力傳承，感動不少青年佛子的心，尤其臺灣青年也前往參與大馬區的哈佛營，分享營隊中滿載的喜悅與收穫。

心道法師曾說：「傳心燈就是將佛法世代傳承，這輩子受用佛法，給下一代最好的傳家寶也是佛法，不只自己學佛，更重要的是接引青年人學佛，代代相傳讓這盞明燈永續利益眾生。」

國際哈佛青年營透過佛教信仰的建立，讓學員自省學佛初衷，學習四聖諦與八正道的意涵，為此混沌世界傳遞一份正覺的祝福。結業式上，學員發願將靈鷲山的菩提心苗遠播，邀請更多青年成為三好五德的夥伴，以自己作為起點，將心道法師的法傳播到世界每一個角落。

↑活動讓大家學會互相扶持，懂得團結產生團隊力量，即能克服挫折困難。

陸月
June

靈鷲山三十一週年慶
玉佛照聖山　齊心大願成

靈鷲山於聖山寺金佛園區舉辦三十一週年暨聖山寺百年慶，包括精進朝山菩薩行、好願市集暨音樂會、普門品暨佛前大供與宗風表揚。新北市市長朱立倫肯定靈鷲山走向「愛與和平」的願景，致贈「宗風永傳」匾額，由當家常存法師代表接受。

週年慶當天不僅是靈鷲山開山三十一週年，也是聖山寺建寺一百週年，典禮特地邀請聖山寺捐贈者吳春泉居士的後代家眷共襄盛舉。靈鷲山開山週年慶除了宗風表揚典禮外，從清晨六點就有近四百位民眾朝山，體認開山時期的艱辛步履，也從中學習惜福與感恩。聖山寺金佛園區的露天廣場也有好願市集及音樂會，集結地方的特色產品販賣，包括黑糖粉粿、石花凍、許多新鮮水果和在地特產等，展現靈鷲山與福隆地區共生共榮的關係。

靈鷲山首座了意法師開示時提到：「靈鷲山走入三十一年，無論軟硬體都要提升，內在精進和外在護持一樣重要，讓我們一起努力；靈鷲山開山以來走入每個苦難的心靈，用安定的心對世界弘化，今後也要繼續傳承下去。」

週年慶適逢心道法師閉關，特以影片帶來祝福，期許僧眾以安居精進自我轉換與提升，將佛法落實於生活中；鼓勵大眾持續護持聖山建設，淨化社會與世界，締造華嚴世界願景。

↓ 以鐵桶凝聚三十一年前開山願力。

柒月
July

培福修慧 解行合一
佛學院第十屆畢業典禮

　　靈鷲山三乘佛學院舉辦初修部第十屆畢業典禮，每位授課法師以簡短的祝福，鼓勵畢業生繼續以佛法開展生命的志業。

　　畢業典禮適逢心道法師閉關，由靈鷲山首座了意法師頒授畢業證書，並勉勵畢業生肩負起善種子的任務，將佛法的良善力量，傳播給身邊每一個人，以正念連結出廣大善緣，感召更多人到靈鷲山學習佛法。

　　心道法師曾示：「從三乘佛學院的創立到生命和平大學，目的都在讓佛法能夠無障礙地弘揚，是一項適應時代需求的傳承教育；因為佛法能夠真正帶給世界和平、帶給世界啟示。」

↓畢業不是結束，是學佛之路的嶄新開始。

驫的畫展
展現宗博館多元生命教育

↑「驫的畫展」以國畫的方式，呈現名駒與名仕的相遇。

　　二〇一四年適逢馬年，世界宗教博物館邀請曾獲金鼎獎等多項繪畫肯定的繪本作家李如青，以「驫的畫展」為主題，於館內華嚴書院展出十餘幅以歷史名駒為題的作品。

　　中國歷史上，「馬」一向是英雄們最佳的生命伴侶。李如青於開幕茶會時說道，這次畫了十多幅歷史中著名的馬，想傳達的是一種超越物種的情誼，是關於生命品質的勇氣與堅持，以及對夥伴的信賴與忠誠。

　　代表宗博館主持茶會的寶祥法師致詞表示，「驫的畫展」中英雄和馬的關係，如同不同生命間善知識的傳承，若人生有善知識的引導，便能夠皈依三寶，擁有成為佛弟子的善因緣。

第二十一屆水陸空大法會
體現四期教育精神成就佛道

↑水陸法會啟建期間，每天都有來自全球的佛弟子，湧入桃園巨蛋精進佛道。

　　靈鷲山第二十一屆水陸空大法會於桃園巨蛋體育館啟建，延續去年（二〇一三）「大普施」主題，體現佛教「普度」精神，讓為期八天的法會將成千上萬的願力從小我向外發展，讓社會、世界充滿愛與和平。

　　今年特別禮請緬甸最勝法庫——三藏持者孫倫東達拉尊者為大眾講授「三藏經」和八關齋戒的由來，以及正授八關齋戒，並將滴水功德迴向給法會一切眾生。齋僧法會則首度恭請緬甸仰光全國上座部國立佛教巴利大學副校長鳩摩羅尊者（Ashin Bhddanta Kumara）主法，三乘僧伽攝心受供，供者、受者皆以

虔敬感恩之心，圓滿齋僧法會。

水陸空大法會首場外壇法事「梁皇大壇」於七月三十日晚間開壇；八月二日凌晨，內壇佛事「結界」啟建，來自海內外的功德主代表以國際聖儀獻供，三乘高僧齊聚，帶來法喜祝福。心道法師叮嚀大眾，每年在此聚集，如同回到觀音菩薩的大壇城中，如果大家能以觀音十心作為導航系統，觀照生活，必能獲得觀音菩薩的加持。

↑禮請緬甸最勝法庫——三藏持者孫倫東達拉尊者宣說持戒的功德。

水陸空大法會重要的佛事「幽冥戒」，八月四日晚間於內壇啟建。幽冥戒是為幽冥眾生所設的受戒儀範，大眾收攝全副精神，替祖先、冤親債主代受幽冥戒，讓他們信解受持，脫離惡道、往生善道。

經過八天七夜的精進努力，二〇一四年的水陸空大法會於八月六日啟建圓滿送聖儀式，數千信眾圍繞「靈鷲廿一號西方般若船」，專注念誦佛號，祈禱六道群靈往生西方、離苦得樂。

心道法師說，水陸法會就是一場生命教育，也完全相應於靈鷲山四期教育的實踐精神，從齋戒、灑淨身心靈開始，結界出清淨無垢的壇城，在佛菩薩的加持及法師的引導下，發大心求法、學法、修法，以「觀音十心」為根基，貫徹「普賢十大願」的成佛之道，達成生命大和解的良性循環，成就圓滿一切因緣的華嚴世界。所以，整個水陸空大法會就是「阿含期」、「般若期」、「法華期」與「華嚴期」的內涵開顯，是靈鷲山四期教育的濃縮版實踐。

水陸法會實踐四期教育內涵
心道法師於水陸送聖開示

　　經過八天七夜的精進與努力，今年的水陸法會即將要在今天圓滿，感恩各界善信對法會所付出的一切用心，以及各位志工這幾天來的辛勞，尤其在這種炎熱的氣候下，難免會心情浮躁、身體不適，但這段時間中，各場法會進行都很順利，大家都如禮如儀地禮拜讚誦、懺悔供養、聽經聞法，乃至於服務奉獻，這種精神實在讓人歡喜讚歎，讓水陸佛事的壇城內外，都呈現出祥和平安的氛圍。

　　稍後，我們要進行送聖。在水陸期間，十方法界的四聖六凡，無數無量的群靈眾生，陪伴著我們思維佛法、長養悲心，其中包括我們的歷代祖先、累世

↑灑淨提醒眾人淨化內心的貪瞋癡，專心領受佛法。

父母。因此，在最後一天法事圓滿時，我們還是要以恭敬、莊嚴的態度，大眾齊聲念佛，奉送諸佛菩薩同登雲路，六道群生往生西方淨土。

　　西方淨土的存在，離不開我們的本心自性。畢竟，修行的根本還是在心，一切法、一切相的本源也是心，佛國淨土的顯現也是心的因果感應。心清淨之後的本來面目就是清淨佛土，我們學佛修行、誦經、做法事，最根本的依持都是在自心的一種開悟。

　　送聖儀式要持誦〈大悲咒〉、《心經》，也是在增加我們心念的收攝力、控制力。將心調正，妄念止息，達到內在寧靜寂然，佛國淨土就會曠然現前，這就是「心淨則佛土淨」的實踐原理。

《八大人覺經》所說：「世間無常，國土危脆。」今年是甲午年，全球各地都顯得不太平安，在臺灣以及世界各地都發生不少讓人難過的災難。這幾天的澎湖空難、高雄氣爆、印度船難、之前的馬航空難、南韓船難以及國際間爆發的許多流血衝突，不少無辜者都在這些事件中喪失寶貴的生命。我們除了以至誠的心來超度、安撫所有受傷害的心靈外，更需要瞭解這些悲劇發生的背後，幾乎都是來自人心的貪婪、不滿足、相互爭奪與彼此仇視，以及人心最根本的無明所造成。「心生則種種法生、心滅則種種法滅。」如果大家能多一點包容和體諒，少一點功利和算計，很多悲劇都是可以避免的，因為大家都是相互依存、多元共生的生命共同體。

今年我提出「騰躍大時代」，就是要大家從轉換自己的心做起，產生更大的智慧和能量，相互連結、共振出改變時代的大騰躍力量。

世間災難頻繁、生死難以預測，我們必須對此有所了悟。大家好不容易今生可以投生為人，又有福報參加水陸，打水陸七，學習完整的正覺生命教育：從皈依發心到廣修供養、懺悔業障，乃至於恆順眾生的修行實踐，都希望迴向一切眾生認識本來、成就無死自性，出離生死苦海。所以大家要續報水陸，不要錯過生命覺醒的每一個機會，發願跟我一起以水陸法會為平臺，度一切苦厄，讓眾生究竟免於恐懼、顛倒夢想。也藉此期許僧俗二眾弟子，水陸回去後，要更加攝心精進，達到識心達本、法脈傳承的目的。

水陸法會本身就是生命教育，也完全相應四期教育的實踐精神，從齋戒、灑淨我們的身心靈開始，結界出清淨無垢的壇城，大家在佛菩薩的加持，以及師父、法師的引導之下，真誠懺悔，解冤消結，消除三毒業障；發大心，求

法、學法、修法,以「觀音十心」作為根基,貫徹「普賢十大願」的成佛之道,達成一切生命大和解的無盡良性循環,成就圓滿一切因緣的華嚴世界。所以,整個水陸法會就是「阿含期」、「般若期」、「法華期」、「華嚴期」的內涵開顯,是四期教育的「濃縮版」實踐。

在水陸法會即將圓滿的前一刻,我也再次呼籲在座各位善信,一起發大心、行大行、成大願,修持佛法的信解行證,以「真心」落實為靈鷲山教團所傳承的四期教育體系及利生志業,永續組織的經營與發展。

↑齋僧法會由緬甸仰光全國上座部國立巴利大學副校長鳩摩羅尊者 Ashin Bhddanta Kumara 主法。

水陸法會的功德是相當殊勝的,也希望大家能不斷地持續這一份功德,年年都能參加水陸法會,共同延續觀音十心的傳承、普賢十願的實踐,成就華嚴世界的願景。

今年教團發起「百萬心經奉觀音」,藉著抄經安頓自心、開啟智慧,並將所抄的《心經》奉納於靈鷲山毗盧觀音像及大悲牆內,與觀音菩薩的大悲願心相應合一,成就千年聖山,並祈願正法久住。希望大家踴躍護持。

最後,我也祝福大家順心如意、身體健康、事業順利、所求如願!也迴向地球平安、災難遠離!謝謝大家!感恩大家!

百萬心願護聖山
百萬心經奉觀音

為推廣抄寫《心經》功德及體現觀音菩薩慈悲精神，靈鷲山特別發起「百萬心經奉觀音」抄經祈福活動，邀請信眾恭抄《心經》。第二十一屆水陸空大法會現場亦規劃抄經區，並恭請心道法師親臨現場示範抄經，以及為大眾開示抄經的殊勝。

↑心道法師領眾抄經，護持聖山建設。

《心經》是《般若波羅蜜多心經》的簡稱，全文共二百六十字，文雖簡短，卻是修行的綱要。抄經是體驗禪定、深入經藏的法門，藉由抄經安頓自心、專注一心深入經藏，開啟智慧。抄經圓滿後，透過功德迴向，將自己的心量無限放大，利益普及於一切眾生；將自己所做的福德利益，併入菩薩廣大功德海中，演化無量功德。

心道法師慈示：「抄《心經》能夠讓我們更明白心的心路歷程，般若波羅蜜多就是觀照五蘊皆空的智慧，觀照眼耳鼻舌身意的空相，觀照色聲香味觸法的空性。實踐般若波羅蜜多就會得到觀照的智慧，得到生命究竟的自在，藉由抄《心經》強化記憶、反覆思維，可以得到佛法最精密的智慧，所以鼓勵大家一起來抄《心經》。」心道法師希望「百萬心經奉觀音」的《心經》抄寫能繼往開來，讓抄經功德普及親戚朋友和有緣大眾。

↑藉由抄經安頓自心、專注一心深入經藏，開啟智慧。

安定社會 利益一切眾
靈鷲山獲頒績優宗教團體獎

積極投入慈善與社會教化的靈鷲山無生道場及靈鷲山志業體（靈鷲山佛教基金會與世界宗教博物館），於二〇一四年分別獲新北市政府及內政部頒發績優宗教團體獎。

靈鷲山無生道場於七月三十日獲頒新北市績優宗教團體社會教化獎；心道法師另與十位靈鷲山資深僧眾獲得個人貢獻獎，此獎表彰了靈鷲山推動「生活禪」的成就，讓一般民眾透過簡單的禪修得到內心的平靜，進而影響家庭、社會，營造人心和平的世界。

另外由內政部主辦的二〇一四年宗教團體表揚大會，九月五日於新北市政府多功能集會堂舉行，包括靈鷲山與各宗教界代表於大會中共同簽署「好人好神運動宣言」，希望人人都能從自身做起，成為一個具有同理心、關懷社會的好人，用愛的力量讓社會更美好。

靈鷲山佛教基金會以「生命服務生命、生命奉獻生命」的使命，成就菩薩學處，安處徒眾；宗博館則以推動跨宗教對話平臺，「尊重每一個信仰、包容每一個族群、博愛每一個生命」理念為世先驅，開啟風氣。長年推動利益眾生、維繫人心、造福社會，對社會教化不遺餘力，同獲得頒獎表揚。

↑靈鷲山佛教基金會獲內政部頒發二〇一四年績優宗教團體獎。

捌月
August

精進向佛 成就福慧資糧
靈鷲山全球榮董聯誼會

靈鷲山全球榮譽董事聯誼會於桃園巨蛋水陸空大法會現場舉行茶會，禮請緬甸仰光國立佛教巴利大學副校長鳩摩羅尊者（Ashin Bhddanta Kumara）開示「布施的態度」，來自海內外的榮譽董事全神聆聽尊者開示，最後進行南傳佛教「滴水功德」儀式，將功德分享他人、利益眾生。

心道法師亦親臨現場勉勵大眾一同精進向佛，秉持「生命服務生命、生命奉獻生命」的精神，護持推動聖山建設，共同成就福慧資糧。「非常感謝榮董們護持靈鷲山，大家都知道蓋廟弘法利生，可以得到大福報。今天舉辦榮董聯誼也是希望牽起各位的感情，不僅一同精進向佛，未來成立各區聯誼會資訊的布達也將更有組織，但別忘記回到靈鷲山『生命服務生命、生命奉獻生命』的初心。」建設中的靈鷲山宗教文化教育園區是心道法師的崇高理想，榮董們因認同心道法師的理念，善捐認養聖山寺金佛園區內緬甸玉佛的佛首瓔珞珍寶，希望見玉佛者歡喜廣發菩提心，共同成就華嚴聖山的願景。

→心道法師勉勵大眾一同精進向佛，共同成就福慧資糧。

高雄氣爆暨澎湖空難祈福會
靈鷲山與宗教界追思祈福

臺灣接連發生澎湖空難及高雄氣爆兩起重大事件，釀成重大傷亡慘劇，人心籠罩在恐懼不安的氛圍中。為了悼念罹難者與撫慰災民的傷痛，靈鷲山與各宗教團體於高雄巨蛋，啟建「高雄731氣爆暨澎湖723空難事件全國宗教界追思祈福大會」，三十個不同的宗教團體及上萬人出席這場祈福大會，齊心為亡者祝禱、為生者祈福，祈願大眾找回安定的力量，受災民眾早日走出陰霾。

高雄氣爆發生時，正值靈鷲山水陸空大法會啟建期間，開山和尚心道法師於第一時間得知不幸消息，立即指示弟子為罹難者及傷者點燈祈願祝禱，願往者安息、傷者早日痊癒。心道法師並慈示：「災難怎麼避？唯一的方式就是從心去轉化。用什麼轉化？用善業來轉化！用善良的磁場，為別人著想，為世界著想，災難就會變少，即使災難來臨，我們也能用平靜的心，以愛與慈悲來共同面對。」

←靈鷲山與全國各宗教團體齊心為空難、氣爆受難者祝禱。

81

佛教在線參訪團訪山
心道法師勉眾走成佛路

　　中國佛教在線文化參訪團一行前來靈鷲山無生道場參訪，心道法師特別於開山聖殿內，與參訪團分享靈鷲山正推行的四期教育及世界宗教博物館多元共生的內涵，並對禪坐時如何降伏自心、持誦〈大悲咒〉的好處…等面向慈悲開示。

　　心道法師說：「學佛就是要發心，發菩提心，也就是願成佛度眾生的菩提心。成佛的修行有兩個階段，一個是涅槃，證入涅槃，屬自了漢；再來是自覺覺他，自覺就是要做到涅槃，覺他就是要發長遠的菩提心，生生世世都只走這條成佛之路，也就是經營管理自己的生命，直到無盡的世界、無盡的時間。」

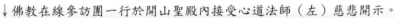

↓佛教在線參訪團一行於開山聖殿內接受心道法師（左）慈悲開示。

中華文化交流協會訪山
增進兩岸佛教互動交流

中國中華文化交流協會參訪團一行，在中國佛教協會副會長聖輝法師帶領下，並在臺灣中華國際供佛齋僧功德會主席淨耀法師陪同下參訪靈鷲山無生道場，拜會靈鷲山開山和尚心道法師，眾人就兩岸佛教交流彼此交換意見。

↑ 中國中華文化交流協會參訪團一行參訪無生道場。

心道法師表示：「歡迎聖輝長老、淨耀大和尚和大家光臨本道場，兩岸至今非常密切地、共同地把佛法交流結合在一起，在文化和宗教上有許多交流，我們從紐約『千禧世界和平高峰會』結識到現在，我一直非常尊敬聖輝大和尚，他領導佛教走向世界跟光明，也讓我們更扎實地走向學佛的道路，帶給我們生命和諧、共生共存的共識，希望我們能繼續合作和努力。」

聖輝法師此次應中華國際供佛齋僧功德會之邀來臺參加供佛齋僧大會，齋僧功德會主席淨耀法師表示：「兩岸本屬同根同源，交流是共榮共生的最基本條件，希望能夠建立起兩岸佛教發展的交流平臺，齋僧完後特地來靈鷲山『挖寶』，探望心道大和尚，同時感受太平洋的寬廣，希望這個寬廣能為世界帶來太平。」

中國國家宗教局副局長陳宗榮也讚揚心道法師在促進兩岸佛教發展、弘揚宗教文化上做出了許多貢獻，也是中國佛教界、國宗局多年來的老朋友，他非常高興有機會來到美麗、莊嚴的靈鷲山參訪，也誠心邀請心道法師能夠常到中國參訪，到國宗局做客。

高雄氣爆災區灑淨祈福法會
以佛法正向力量安心淨靈

靈鷲山受邀參與由高雄市政府聯合高雄佛教團體共同舉辦的「高雄氣爆災區三七灑淨超薦祈福法會」，由法師帶領百萬大悲團護法菩薩逾五十人，沿著重災氣爆路段及住家巷道行腳灑淨，為高雄石化氣爆罹難者超度、為生還者祈福消災。

↑法師帶領百萬大悲團護法菩薩，以〈大悲咒〉為災區安心安靈。

在〈大悲咒〉持誦聲中，各佛教團體由高雄市苓雅區英明國中出發至災區步行灑淨，靈鷲山灑淨隊伍行經罹難人數最多的河北路與三多一路口時，特別持誦〈往生咒〉給不幸罹難的人員。隨後由當地里長陪同，僧俗四眾沿著災區徒步灑淨祈福，遇有居民便以大悲水灑淨，希望當地住戶能獲得身心靈的平靜；灑淨隊伍並應居民個別需求，進入受災戶住家灑淨，並分送九宮八卦卡及心道法師持誦的〈大悲咒〉CD，希望破除一切不祥厄運，淨化身心、求得平安順事。

心道法師曾開示：「以至誠的心超度、安撫所有受傷的心靈之外，我們更需要多一點包容、體諒，因為大家都是相依相存、多元共生的生命共同體。」

緬北密支那招遠征軍英靈
忠魂返國 和平永存

　　心道法師受國防部邀請，協助「緬甸境內中華民國遠征軍陣亡將士總牌位返國迎靈暨入祀典禮」，於緬甸密支那主戰場啟建超度儀式。至二○一○年起連續三年，心道法師曾應雲南省佛教協會刀述仁會長之邀，前往騰衝參加遠征軍祭祀亡靈法會。

　　二十三日的「引魂儀式」從打拱墓園進行灑淨儀式開始，引魂隊伍從當年死傷最慘烈的遺址，回到密支那觀音寺安放靈位進行引魂祭祀法會。二十四日由國防部代表前往密支那進行供僧儀式，三百位僧眾一同誦經迴向遠征軍英靈，祈願英魂等眾超生極樂；遠征軍倖存者李光鈿及劉輝兩位老先生也出席觀禮，酬慰漂泊異域七十載的忠魂。

　　心道法師於法會圓滿致詞時表示，感恩密支那觀音寺聖通法師及當地華人的大力支持與協助，讓引魂超薦法會圓滿順利進行；大眾協力圓滿遠征軍的遺願，以這樣的功德也能夠讓密支那的內戰平息，百姓的生活回歸和平與平安。

←敦請心道法師、觀音寺住持聖通法師等高僧誦經，酬慰漂泊異域七十載的忠魂。

親子共學成長營
以寧靜通往靈性的生命

靈鷲山高屏講堂第三年舉辦「親子共學成長營」，由教學多年的專業老師，參考法師與志工的經驗，策劃不同面向的課程，包括舞蹈、美勞，以及稍有難度的插花、書法，並融入禪修、供佛等佛門行儀教學，讓孩子無負擔地在玩樂中學習成長。

二〇一四年參加成長營的三十位孩子，來自不同背景的家庭，年齡橫跨三至十二歲，有的是父母帶著孩子，有的是祖孫共同參加，大手牽小手，分「正面、積極、樂觀、愛心、願力」五組，進行一整天營隊的課程。每堂課並融入心道法師「一分禪」的收攝力量，讓心情浮動的孩童迅速回到寧靜。

「寧靜，是宇宙最大的能量，也是送給孩子最珍貴的禮物。」參加成長營的親子在課程中都獲得溫暖的寧靜能量，期盼將這份能量帶回家庭，一同營造幸福滿滿的寧靜家庭，進而共創寧靜的社會與世界。

↓成長營讓家長放下繁瑣事務，再一次欣賞孩子真誠的笑容。

安徽百歲宮佛像開光法會
心道法師領眾朝禮地藏道場

心道法師受邀出席中國安徽九華山百歲宮全堂佛像開光暨慧慶大和尚榮升方丈慶典法會，並帶領四眾弟子朝禮九華山地藏菩薩道場。

二○一四年七月，慧慶法師曾帶領四眾弟子一行前來靈鷲山參訪，親自邀請心道法師參與陞座慶典，心道法師亦答允參加。陞座典禮圓滿後，慧慶法師特別感謝心道法師及靈鷲山朝聖團護法善信前來參加百歲宮慶典。

↑心道法師受邀參與中國安徽九華山百歲宮全堂佛像開光暨慧慶大和尚（右）榮升方丈慶典法會。

為了讓弟子們在修行的道路上，效法地藏菩薩的悲弘誓願，心道法師再度

↓心道法師領眾朝禮九華山地藏道場。

親自領眾朝聖九華山地藏菩薩道場。來自全球各地近百位弟子,用雙履徒行至地藏菩薩禪修打坐修行處的地藏洞,親臨聖地感受地藏菩薩的悲心願力;再至肉身地藏菩薩寶塔處,繞塔持誦地藏菩薩聖號,祈願與地藏菩薩的大願力相應。

心道法師為團員開示:「學佛就是找回我們的本源,看見生命的真相,進而開創自己的新生命。生命不只一世,學了佛就是把生生世世的生命方向確定,所以我們要學習觀音菩薩的慈悲喜捨、文殊菩薩的般若智慧、地藏菩薩的大願力以及普賢菩薩的十大行願,學習這四大菩薩的精神,讓我們生生世世都能夠擁有好的生命記憶體。」

↑ 安徽九華山百歲宮佛像開光法會,海內外高僧長老共同見證。

玖月

September

護法會幹部秋季營
慈悲奉獻 經驗傳承

二〇一四年是靈鷲山的封山安居精進年,也是正式啟動四期教育的第一年,護法總會舉辦的幹部四季營,在課程設計上更加多元,除了職能技巧的學習之外,特別邀請靈鷲山首座了意法師講解四期教育的精神;以及將「法住法位、僧住僧位、護法住護法位」的概念,從認知、學習,進而執行。

護法會幹部四季營在九月來到「秋遊慶收願成行」的秋季營,為了舒緩護法幹部在水陸期間的緊繃氛圍,此次秋季營除了室內的課程,也安排了戶外的闖關遊戲,以正面、積極、樂觀、愛心等關卡,深植護法幹部的菩提心;此外也響應「百萬心經奉觀音」活動,一同抄經發心護持聖山建設。

正值閉關期間的心道法師錄製了一段影片,勉勵護法幹部持續精進禪修及學習四期教育,更提醒大眾在封山期間要將三好五德的精神貫徹在生活中,並且用尊重的心互相團結合作;同時也要確實做好人才培育的傳承工作,讓靈鷲山的組織永續發展,如此才能真正落實法住法位、僧住僧位、護法住護法位的目標。

↓心連心,一同走觀音菩薩慈悲救世的生命志業之道。

組織永續發展 落實人才培育
心道法師於護法會秋季營開示

　　各位參加秋季營的靈鷲山菁英幹部們，大家吉祥！靈鷲山能夠持續下去，都是靠大家的團結合作，感謝大家在師父閉關的這一年，發大願，共同承擔靈鷲山弘揚佛法的志業。

　　大家知道人與人之間，因為有愛心，

↑ 將經驗傳承下去，讓慈悲貢獻的善業永遠蓬勃發展。

才能聚在一起；如果沒有愛心，便聚不起來，散掉了。靈鷲山是以觀音菩薩的慈悲喜捨，作為我們生生世世的願景跟實踐。所以，我們要有觀音菩薩的慈悲、愛心，來豐富自己、圓滿別人。師父要引導的是愛心，這就是靈鷲山的精神所在，也就是正面、積極、樂觀、愛心、願力。

　　菩提心就是成佛的心。師父跟大家一起走過了三十年，都是用菩提心，以及願成佛、度眾生的慈悲、願力，大家互相地連結在一起。我們好不容易有了小小的成績，應該再加強我們的願力，提升我們的菩提心。

　　組織是連結彼此的力量，沒有組織，靈鷲山就無法茁壯。我們應該要重新思維，以師志為己志，把觀音菩薩慈悲的力量，一直傳承下去。我們要用愛串聯組織，彼此互相尊重，尤其我們作為護法會的幹部，更要尊重、配合信眾的需求，用各種的善巧方便、慈悲無盡的關懷跟互動，讓信眾都能心甘情願地跟隨靈鷲山的信念，相信因果勤行善，為利眾生具佛法。

　　所以我們要負起責任，團結一致，讓靈鷲山的神聖使命，在每一位菁英幹

↑利用戶外大地遊戲，潛移默化學習團隊合作的精神。

部身上，都不退失，鞏固這份聚起來的善業。我們是在共創這份善業，共同讓這個社會有更多的和諧、安定與福氣，這是大家的發心、智慧與慈悲，也是生命中燦爛的光明，讓我們保有正面、積極、樂觀、愛心、願力，讓菩提心像熊熊的大火燃之不盡。

我們要互敬、互愛、不抱怨、不要有負面情緒。負面情緒多、抱怨多，組織就容易壞、滅，本來想做點善業，就是生不起殊勝的慈悲心。所以大家要彼此照顧彼此，護持好慈悲心與愛心，讓它不息滅。僧眾跟護法會是生命共同體，相依相存。因為有你們，僧眾可以常住，佛法才可以生生不息、傳承不斷。

委員是做領導的事，要讓會員都喜歡跟委員一起做觀音菩薩的願力跟慈悲。做會員是出於一份愛心，要做對社會有幫助的事情。委員要把會員照顧好，讓他們擁有靈鷲山的佛法概念、有佛陀的慈悲、有觀音菩薩的「有苦有難就有我」的心。我們也要培養委員成為跟幹部一樣有魅力、有慈悲心、有愛心，讓新學的人有機會參與、帶領他們傳承佛法。幹部也要用心帶領委員，把委員一個一個帶出來，你們就是他們學習的對象，要做他們的榜樣。委員從幹部的身上得到信心、得到方法，就會有使命去傳承。幹部帶委員要讓他們熟習佛法，熟練靈鷲山的各種弘法志業，帶領他們發菩提心、心甘情願地做委員。我們要把這份慈悲、愛心的電流串好，把社會良性循環的工作在自己身上不斷繁殖，傳承就是繁殖。護法會的幹部要做好傳承，沒有傳承，靈鷲山就會逐漸消失。

希望護法會欣欣向榮，慈悲與善業及一切的互濟工作蓬勃發展，讓我們是

社會的核心重點。信心需要願力，信仰需要互動，有好的互動，信仰才會堅固。每年的四季營就是要做好傳承，把這份不退轉的生命經驗傳承下去，讓我們多年來對社會慈悲貢獻的善業，永遠蓬勃發展，不至於在我們的手裡消失。各位是在一個生生不息、慈悲善業的組織，我們要建立彼此都不想分開、有你真好的組織。另外，我們要做好我們的服務，品質要好；品質不好，傳承一定不好；把品質做好，組織傳承就會好。若是常養成抱怨、負面的情緒，我們就沒有辦法把好的善種子傳承下去。這些不經意的心念，會破壞好不容易得來的善業，傳承也就會化掉、不見了。

大家要學禪修，要慢慢地養成禪修的習慣，把禪修做好，傳承師父的禪法。在禪修當中，能夠領悟最正確、最正面的佛法，能夠使自己的生命充滿安定、喜悅，充滿了願意付出跟關懷的悲心，這是因為我們內在的喜悅，外在自然會產生打不倒的能量。

未來，我們要做四期教育的學習跟推廣，讓大家知道這條學習之路不是拿一本經，而是要按部就班的學習，這樣就會到成佛的地方。四期教育不但僧眾要學得很好，每一個在家弟子也要變成精英，把四期教育貫徹、推廣到社會的每一個階層與角落。

希望大家在秋季營成功順利、開心喜悅，繼續保持正面、積極、樂觀、愛心、願力。秋季營結束以後更能夠發菩提心，在慈悲之下精進互動。

拾月
October

安身心 尋心性
馬來西亞柔佛傳授平安禪法

心道法師在觀音菩薩出家日（農曆九月十九日）這天，親臨馬來西亞柔佛主持「慈悲與禪」共修法會。參與大眾在共修《普門品》及〈大悲咒〉後，由心道法師教授禪坐，循序漸進地引導每個人進入自心的寧靜世界；

↑ 心道法師帶領大眾行禪，感受腳步提起與放下間的安定。

接著領眾行禪，從腳步的提起、往前、放下，在每個起步、停留當中，感受心的安住。

心道法師開示：「學佛一定要有成佛的目標，學佛成佛，得到不生不滅的證悟。我們可以透過坐禪找回本來面目、得到涅槃、找到不生不滅的地方。而〈大悲咒〉是菩提心的咒，把這個如意寶帶在身上，就能無罣無礙，在『無為法』裡做『有為法』的事情，就會不生煩惱，因為菩提讓我們在有為法中不惹塵埃，所以我們要跟菩薩學習這份願力，一直走向成佛之道。」

新加坡水陸法會
以觀音普賢圓滿成佛因緣

心道法師弘化大願再次抵達新加坡，親領四眾弟子於新加坡義安潮州會館啟建水陸法會，這是繼二〇〇九、二〇一〇年後，第三年的圓滿勝會。

水陸法會首日，功德主代表先於法會前進行莊嚴隆重的獻供儀式，隨即在外壇主法和尚的帶領下進行開壇灑淨，將楊枝淨水遍灑在會

↑新加坡外交暨律政部長 Mr K Shanmugam（左一）蒞壇捻香，並與心道法師合影。

場的每一個角落。次日上午，新加坡外交暨律政部長Mr K Shanmugam親臨壇場捻香祈福，心道法師除了為部長介紹水陸法會的意義外，也分享多年從事多元共生、愛與和平的宗教交流經驗，並邀請部長來臺參訪世界宗教博物館。二十日凌晨內壇結界啟壇，星馬佛子用最虔敬的心，跟隨三師和尚，為自己及家人消災祈福。心道法師勉勵所有功德主應以「觀音十心」作為水陸觀音道場的結界力量、

用〈大悲咒〉貫穿水陸的法門，並以「普賢十願」的實踐勾勒出成佛的願景。

　　經過七天六夜的精進與努力，新加坡水陸法會於二十四日圓滿，水陸功德迴向一切眾生脫離苦海，並把法會的殊勝帶給身邊每一個人。心道法師於圓滿開示中特別傳授大眾「二把刷子」，一把是〈大悲咒〉，另一把是「禪修」。透過持誦〈大悲咒〉可安定自心，透過「禪修」可明心見性，這二把刷子是所有學佛弟子必須隨身攜帶的法寶。

←盡虛空、遍法界，護念有情眾生，願全球免於災難之苦。

拾壹月
November

宗博館館慶暨特展開展
貴賓齊誦祈禱文並賀開展成功

十一月九日是世界宗教博物館十三週年館慶，也是「世界宗教和諧日」，來自各領域的社會賢達、各宗教領袖及一路陪伴宗博館的支持者，齊聚宗博館金色大廳給予祝福。

活動開始由各宗教領袖帶領大眾宣讀祈禱文，祈禱對地球及未來的祝福：回歸無染純淨、尊重彼此的本心，呼籲世人珍愛自然與生命，共同守護日益惡化的地球環境。接著為頂戴佛陀及華嚴四十二字母梵唱的佛教音聲表演，現場來賓彷如置身寬闊宇宙，音樂與人聲表現出信仰、美麗與感動。

世界宗教博物館發展基金會執行長了意法師致詞表示，十三週年館慶，宗博館再度與中國北京首都博物館合作，以明代壁畫典範——北京法海寺壁畫為主題，從圖像、信仰、藝術、工藝等面向，運

↑ 宗博館十三週年館慶，各宗教領袖貴賓齊聚祝賀，並祝賀北京法海寺壁畫特展開展成功。

用多媒體、臨摹作品展示，讓參觀民眾體會六百年前的藝術與信仰。

北京首都博物館代表張健萍女士以「感恩」與「祝福」表達參加本次活動的心情；中國社會科學院世界宗教研究所研究員王志遠題字「世宗博物逾周興，坦蕩襟懷傳德馨，君看靈鷲呈祥瑞，法海遺珍耀青燈。」贈予宗博館，祝福展覽成功。慶典最後，與會貴賓一同為展覽揭開「三大士布幕」，圓滿了館慶暨法海寺壁畫開展盛會。

宗博館法海寺壁畫特展
重現明代宮廷佛教壁畫藝術

世界宗教博物館再度與中國北京首都博物館合作，展出「重彩流金六百年——壁畫 故事 法海寺」特展，以明代壁畫典範「北京法海寺壁畫」為主題，從圖像、信仰、藝術、工藝等面向入手，運用多媒體等多元展示手法，呈現壁畫生動活潑的內涵。

法海寺壁畫由明代太監李童供養，匯集宮廷畫師與民間壁畫大師的心力完成，也是現存少數宮廷壁畫代表，突顯當時佛教興盛，亦呈現寺廟壁畫藝術的傳承與創新；內容包含佛眾菩薩、二十諸天、飛天仙女、動物花卉和山水祥雲等，表現莊嚴與美感兼具的佛國境界。

↑水月觀音是最撫慰苦難的慈容。

此次特展從三個角度呈現壁畫的故事：一是「再現」，透過考據、繪畫技巧和現代科技，再現壁畫原貌的臨摹珍品，讓觀眾一睹六百年前壁畫的輝煌瑰麗；二是「走入」，利用多媒體效果與視覺性說明技巧，塑造出探訪法海寺觀看壁畫的體驗；三是「探索」，說明壁畫的內容與工法，聚焦壁畫的細節，輔以相關文物的印證，讓觀眾瞭解壁畫更多的故事。

世界宗教博物館發展基金會執行長了意法師於開展記者會中表示，「世界

西壁佛眾赴會圖

● 「重彩流金六百年——
壁畫 故事 法海寺」系列活動表

宗教博物館創辦人心道法師以尊重、包容、博愛，作為宗博館的使命與願景，多年來在兩岸的交流中亦大力推動儒釋道文化的傳統，此次『法海寺壁畫特展』除了佛教義理之外，也包含深厚的道教及儒教的精神意函，非常歡迎大眾前往觀賞。」

日期	活動名稱
11/15	解構之鑰——明代法海寺壁畫之美
11/23	重塑之鑰——壁畫舞姿探秘
11/29	解構之鑰——明代壁畫中的流行時尚
12/07 2015/01/25	遊戲之鑰——尋寶法海寺
12/14	解構之鑰——北京法海寺明代水月觀音圖像的特徵
2015 年	
01/03	解構之鑰——綜觀世界宗教壁畫
01/11 02/22	遊戲之鑰——巧手・法海寺
01/31 02/01 02/07 02/15	重塑之鑰——工筆佛畫
02/08	重塑之鑰——壁畫吉祥剪

宗博館首任館長漢寶德辭世
心道法師感念奠定生命教育根基

世界宗教博物館首任館長，亦為榮譽館長及靈鷲山宗教文化教育園區總策劃的漢寶德先生於十一月二十日辭世，享壽八十。心道法師驟聞曾經共同並肩努力並擁有許多美好回憶的老戰友，心中不捨，囑咐靈鷲山全山法師誦念《金剛經》，並點燈迴向漢寶德館長。

↑漢寶德先生受心道法師（左一）力邀，出任宗博館館長，致力推動生命教育。

宗博館是一座以宗教和諧為主題的博物館，漢寶德館長一上任即承續創辦人心道法師的使命，規劃以發展生命教育為長遠計畫。他認為，所有宗教的本質都是「關懷生命」，不同的宗教對生命有不同的態度與詮釋，宗博館可以提供給來自世界各地觀眾不同的視野，使大眾由尊重生命、愛護生命、接納生命、珍惜生命，進而能欣賞生命，甚至超越生命。

心道法師與靈鷲山佛教教團、宗博館全體將永遠緬懷這位慈心英風的長者，也會對漢寶德館長的感佩與懷念，轉化為推展生命教育、達成世界和諧的動力。

←二〇〇八年於宗博館展出的「寫藝人間——漢寶德書法展」，是漢寶德先生的書法作品首度對外公開展出。

拾貳月

December

緬甸供萬僧暨南傳出家修道會
以出家修道傳承原始佛制

↑心道法師感恩眾緣成就與諸位賢聖僧的加持，讓緬甸的原始佛教能夠推廣與傳揚。

　　第十三屆緬甸供萬僧活動於十二月六日展開，今年特別首度前往緬北臘戌曼蘇佛學院供僧，心道法師並帶領朝聖團至靈鷲山位於臘戌的弄曼農場參訪。

　　六日晚間，心道法師於仰光大金塔前帶領朝聖團與即將短期出家的佛子禪修並開示：「朝聖，就是消滅一切災障、增長一切善法、得到一切眾生敬愛、斬斷一切不好的事物，也就是息、增、懷、誅的感應。只要虔誠寧靜就會有感應，希望大家在朝聖期間用最虔誠的心，趨入神聖的佛國。」

　　第二屆短期出家修道會於七日舉行剃度儀式，禮請緬甸仰光全國上座部國立佛教巴利大學副校長鳩摩羅尊者（Ashin Bhddanta Kumara）主持，並由緬甸全國上座部僧伽委員會長老及三藏比丘為新戒尊證；隨後與五百位比丘一同在靈鷲山緬甸國際禪修中心進行第一場托鉢受供，下午則在巴利大學圓滿比丘戒登壇儀式。

　　南傳短期出家修道會於十二日舉行捨戒儀式，心道法師勉勵眾比丘，脫下

比丘僧服換上在家俗衣回到原來的生活時，也能對自己有所約束，記得自己曾經身為僧寶時的威儀。「這些點點滴滴的學習，就是學習在生活中如何止觀、如何攝心、如何發願、如何清淨、如何離開染著，每個念頭都受戒律引導到正念上。出家的生命非常珍貴，雖然時間很短暫，但是出家這份深刻的習氣是忘不掉的，這就是我們未來的善種子，面對惡業時，善的習氣會出來制止，種下清淨的種子與善業。希望各位能夠把這份出家的體會推廣，讓大家都能夠來學習。」

↑ 在佛國緬甸，秉持佛陀時代手持托缽，傳承佛制。

年度
報導

封山安居精進年
回歸總本山 傳承佛陀教法

「封山是為了回歸總本山、回歸我們的本心。」靈鷲山開山和尚心道法師於二〇一四年初宣布今年開啟封山、回歸叢林道場作息，更以自身修持為範，重返宜蘭縣礁溪鄉莿仔崙靈山塔進行塚間閉關，以期鼓勵四眾弟子貫徹自利利他的四期教育成佛之道。心道法師期許靈鷲山全體能勇猛精進，收攝反省，向內淨化、質化、優化、聖化，再以嶄新能力接引更多善緣。

春節過後，全體僧眾在心道法師的指導下，整飭身心、深持修禪、勇猛道業。禪修期間，心道法師不斷地提點每一位徒眾對法的責任，「我希望每一位弟子，在師父的帶領下都能結出很好的果實，即使尚未了脫生死、斷煩惱，至少都是福德善眾，不論是出家奉獻，或是護法居士來這裡服務，都有規章、有制度、有保障，在道場都可以安住辦道，藉由佛法的教導，轉惡業為善業，轉善業為清淨，轉換自己的業習。我們現在進行的任何改進、變動，都是希望把團體的力量凝聚，才能夠銜接更多的善緣。團體要成功、銜接更廣大的緣，要靠全體的共識和制度的完善。」封山是反省與沉澱，心道法師引領四眾弟子再一次拿出「開山精神」，找回修行的根，以慈修身、契入佛慈，發廣大菩提心，利益一切有情。

→心道法師帶領全體僧眾一
　同閉關，步上為世間播種
　善緣的正道。

淨心觀照 聽心性 破我執
心道法師於僧眾禪修閉關開示

「我」是什麼？「我」的定義是什麼？身體死了，誰主宰？心念都息滅的時候，誰主宰？找心找不到的時候，誰主宰？

心本來是閒閒的，什麼事都沒有。但是在現實生活中，每天，心都會來找我們的麻煩，天天都閒不下來，二十四小時心都在忙，不知道怎麼處理它。網路可以關掉，心卻無法關，二十四小時都沒有停止過的來找麻煩，連

↑ 時時刻刻把心安住，轉變自己的習氣與根器。

作夢也找你麻煩，所以必須用禪修讓它放假，不要那麼勞碌、辛苦。因此從出入息的止觀，到達聆聽一切的無聲之聲，讓它沒事做，沒東西可以忙，讓它變成一個大閒人、沒有事情的真人。

我們從眼觀鼻、鼻觀嘴，慢慢地收攝心，從收攝到達出入息的專注，到達無聲的觀照聆聽，用心眼去聽。什麼是心眼？遍虛空大地就是一個眼睛而已，叫做心眼。心眼有大有小，沒有悟就是小。悟了以後，雖小如芥子，也大如虛空一樣，無量無邊。

我們止觀做的好，稱為內明。像你們現在不是內明，是黑暗得很。眼睛一閉下去，只看到自己，一團的曚曨，不是昏沉，就是妄想，看不到覺性。

我們的心性，叫做光明剔透，就像桌子上擺的這個大水晶，不管是真是假，它就是透明的。你們覺得自己是透明還是黑暗？如果是黑暗的，為什麼會

知道自己是黑暗的？如果是光明的，為什麼知道自己是光明的？大家認為盲人看不到嗎？盲人也能夠看到黑暗。我們的心眼，黑暗的時候可以看到黑暗，白天的時候可以看到白天。禪修就是找回本來面目，也就是白天、晚上都可以看得到，一切善惡都看得清楚，一切好壞也看得清楚，一切長短也看得清楚。但是當我們起了分別、執著，看到的一切就會變成執著，執著就變成束縛與障礙。所以我們靈靈光光的覺性，只要不起妄，不去變成執著，它就是一個靈靈活活且立體的東西，它到哪裡都是自由自在。如果沒有去執著境界，它就是非常的圓潤，在任何地方都圓圓潤潤、光光明明的。

我們最快樂的時間，就是修止觀；雖然盤坐時兩條腿總是讓我們生煩惱、起妄念。但妄念就是空中的花，怎麼捉都捉不到，讓它自然生滅就好，就像水泡一樣。我們不用怕妄念，怕的是跟它跑。如果不跟它跑，看它生起，就像水泡一樣，生起就會滅去，生起看得到，滅去也看得到，不隨它。

當我們聆聽寂靜，聽到空空洞洞，聽到一切都沒有，我們的心慢慢就會無所住而生其心。如何無所住？從心的本質去訓練。心的本質就是沒有沾黏、沒有得失、沒有好壞，沒有任何一個東西是它。它本來就無所住。如果我們一直認不到本來，就會只認現象，但是因緣所生法都是空，用知識來理解空，好像知道，可是要做就很困難。必須要聆聽無聲，慢慢從無聲裡回到自己的本來面

目，熟悉了本來面目以後，就自然地不再那麼辛苦，這叫做凝然一心、恆順一切、淨覺恆順。

沒有罣礙就是開心，為什麼有罣礙？因為沒有看到自己的本心。本源天真佛，本源大家都知道，但看不到，無頭亦無尾；一切都是泡幻，一切的泡幻等同無礙。所以要了悟，我們生活中所發生的種種，都叫做泡幻，泡幻等同無礙。了悟了，心就沒有罣礙。

生活中，我們處處都是看到自己，都是因為「我」而發生很多的煩惱，這個「我」是什麼？是生死輪迴的東西。所以老師講死講活，就是要導引你們丟開我執，就是要培養你們把「我」捨棄掉。破我執，離人相、我相、眾生相。我們要訓練自己當我們發現我、發現人、發現眾生，發現這些東西時，我會如何反應。我們反應的時候，佛法怎麼講，師父怎麼講。如果什麼都不學，只憑自己的性格去玩，玩了半天，怎麼能夠斷煩惱、除煩惱？老師就是給你一把虛空刀，殺到哪裡就空到哪裡，你們不用，那就沒辦法。師父講的每一句話，都是要把你的心賊殺死，如果心賊沒有殺死，那大家便一起輪迴；苦的時候一起苦，樂的時候，可能你樂我不樂。

在輪迴的苦海裡，我們不知道該如何斷，所以要把自己交出來給老師好好地調教，調順到你的習氣、煩惱沒有了。師父講的是沒有人我，沒有人相、我相、眾生相，這些可能會刺到你們的心，事實上，我不是單在講誰，而是人之常情、人之常態，每個人都是這樣子。希望大家能夠接受法的洗滌跟教育，然後赤裸裸地顯現自己的本來面目。

靈鷲山全山僧眾課程
教育傳承 鞏固道根

為培養弘揚三乘的弘法人才，利益眾生，心道法師於二〇〇三年創辦靈鷲山三乘佛學院，除了常規的全山僧眾課程之外，近年亦陸續規劃師資培訓課程，以培育各類教授師資的授課能力，以及結合教團總體發展的專題課程，貫徹宗風思想。

↑ 南傳佛教以上座部的教法為主，瞭解南傳佛教可以幫助理解上座部佛法思想的內容。

今年的全山僧眾課程包括「恭讀心道法師開示與研討」與「山誌導讀」，透過長老法師的帶領，僧眾們一同分享修行體驗與生活心得，不僅彼此在道業上互相砥礪，也是上師法教珍貴的學習分享；另外也邀請熊琬及曾慶忠老師教授「止觀的修行理論與方法」及《功德藏》。

為了能夠更貼近心道法師的教法，師資培訓課程培訓了《靈鷲山外山》教授師、禪修教授師及各區一日禪監香師，投入「快樂靈鷲人大學習」系列課程；以及第一梯次的阿含期初階課程師資培訓，所有弘法師資於三天兩夜中，精進研習。

專題課程方面，除了每年邀請來山授課的南傳內觀大師讚念長老教授內觀禪修之外，也邀請熊琬老師開設阿含專題，讓僧眾對南北傳教理有更完整的認識；此外更特別禮請緬甸仰光全國上座部國立佛教巴利大學副校長鳩摩羅尊者（Ashin Bhddanta Kumara）與教務主任Ashin Therasabha法師開設「南傳佛教初探」與「《增支部》經典選讀」，從緬甸傳統的學習方式，逐步奠定學僧對南傳三藏與基礎義理的認識，並透過佛陀與個別弟子的對話與生活故事，開啟僧眾學習基礎阿含經典的大門。

快樂靈鷲人大學習
理知實踐並重 成就快樂生命

二○一四年為靈鷲山封山安居內省精進的一年，開山和尚心道法師勉勵四眾弟子一起做轉換的大學習，以四期教育騰躍大時代。靈鷲山特別規劃推出「快樂靈鷲人大學習」系列課程，讓所有靈鷲人有次第地習禪學佛，往成佛之路前進。課程包括「心道與禪——上師的生命故事」、「平安禪法」、「大學習假日講座」、「平安一日禪體驗活動」及搭配已於二○一三年九月在全臺講堂開設的「平安一日禪」，循序漸進地引導學員進入學習的美好世界。

第一波以「心道與禪——上師的生命故事」為主題，在全臺講堂進行八週的課程，藉由心道法師的生命故事，讓學員更能生起學佛的信心，以及行菩薩道的願力，成就快樂的生命。

緊接著的是第二階段的「平安禪法」，「平安禪法」是心道法師依於臨濟、曹洞法門，以十多年禪修閉關的實修體驗所開創，並經由次第性的修習方法，從調

↑學員心中都是滿滿的法甘露，以及對上師的願力與信心。

↑學員臉上或平靜莊嚴或滿足開心的神情，令人感動。

身、調息進入調心，方法簡單，行住坐臥皆可修持，幫助學習者透過禪修內觀自省認識自己，找到內在寧靜與安定的力量。

每週六、日開設的大學習假日講座，教授「皈依弟子的正知正行」與「佛陀的圓滿法教──靈鷲山四期教育」。前者從皈依開始瞭解如何做佛的學生，進而在生活中實踐佛法的正知正行，是所有佛弟子的精進必修課；後者講授靈鷲山的四期教育，為心道法師的修行體悟，也是靈鷲山教育的核心內涵，靈鷲山以四期教育為核心，延展出生命和平大學，是終生學習的法教。

心道法師曾說：「學習是件快樂的事，佛法是生命最好的禮物。佛法的道理，是要破除生活中的妄想跟執著，從束縛中走出來，在吵雜紛亂裡能夠單純、安定。而禪修是進入心靈的方法，幫助我們突破妄念偏執，不下功夫禪修，無法增長禪定力，很難體會佛法的道理。」二〇一四年，靈鷲山的護法教育透過系列課程和講座，讓學員積極追隨善知識，帶領大眾開始扎根學習。

● 「快樂靈鷲人大學習」系列課程

日期	課程名稱
03/13~05/01	心道與禪──上師的生命故事
04/12~06/21	大學習假日講座
05/15~07/24	上半年平安禪法
05/18~08/31	平安一日禪體驗活動
08/21~10/09	下半年第一梯次平安禪法
10/16~2015/01/29	下半年第二梯次平安禪法
10/26~12/21	平安一日禪

雲水禪體驗禪修
學習打坐 心不隨境轉

靈鷲山舉辦的雲水禪分為一日禪、三日禪、七日禪等課程，學員透過循序漸進的禪修進程，讓身心完全安靜下來，傾聽自己的內在，重新看見並認識最真實的自己。

依循禪修四步驟，從深呼吸調整身體的含氧，眼觀鼻、鼻觀嘴，嘴觀心，漸次讓心寧靜下來，專注呼吸讓心不散亂，聆聽寂靜，讓心無所欲、心無所有、心無罣礙。

↓從禪修中忘記一切畏懼，看見最真實的自己。

心道法師為學員開示時說到：「禪修，是一個非常值得投入、終生學習的伴侶，禪修就是讓心歸零，歸零不是沒有，而是心要回到一無所有、回到本來面目的地方。」

靈鷲山慧命成長學院課程
關懷人文教育 拓展心靈之域

　　慧命成長學院延續二〇一三年「快樂學習‧智慧開門」的理念迎接二〇一四年，以「生命和平大學習」為方向，設計規劃一系列佛學和生活類課程，讓學員在慧命找到身心的安定，回歸學習的快樂。

　　佛學系列課程包含「生命的覺醒‧佛陀的故事」、「佛教心理學講座」……等，從各個面向帶給大眾佛學知識；此外，也有開顯智慧的經典課程，如靈鷲山首座了意法師講授「《法華經》導讀」、恆傳法師主講「以戒為師——在家菩薩戒」、熊琬老師「《楞嚴經》導讀」等，以豐富的法供養，滋養學員的法身慧命。

↑「《法華經》導讀」課程禮請靈鷲山首座了意法師授課。

↓在「輕鬆廚房」學習輕鬆料理的小撇步。

　　生活類課程則如「說話的藝術」、「太極導引」、「立體閱讀讀書會」、「輕鬆廚房」、「Power快樂頌」……等，發展學員的思維領域，達到身心靈的清淨與自在。

心道法師曾說：「學佛就是回家。資訊發達與時代詭異的變化，錯亂了思緒、找不到信心，讓我們沒有安全感。所以我們必須學佛，就會有定位，可以找到自己、找到方向，找到未來經營管理生命的渠道，這就是自利利他。讓我們開始自利利他的菩提心，長長遠遠地耕耘實踐！」

↑透過生活化的講解，學員更加明白菩薩戒在生活中的意義。

一整年的課程，是靈鷲山慧命成長學院供養給大眾的身心靈饗宴，大家跟著心道法師「騰躍大時代」，找回自己、超越時代，一同從學習中沉澱，回歸生命和平大學習。

心寧靜教師團與研習營
讓心迅速寧靜　做情緒的主人

二〇一一年成立的心寧靜教師團，至今已凝聚數百位團員投入心寧靜教師教學推廣、教學分享與籌辦教師研習等活動。「心寧靜——情緒管理教學」所提供的教學方法，來自靈鷲山開山住持心道法師的禪修核心精要，透過教材演練、有效對話與推廣成果分享，培養自我覺察與省思能力，建立正面的人生價值觀，進而營造寧靜的校園學習氛圍，讓師生都能有好的情緒管理。

↑心寧靜教師團同學會邀請曾參加過心寧靜教師研習營的老同學，分享心寧靜推廣教學的心路歷程。

↑心寧靜教師研習營特別安排到臺南古城門前進行禪修體驗，在車陣喧囂中感受心的寂靜。

二〇一四年度的教學分享中，成員分享心寧靜三工具所帶來的實際成果：包含上課前播放「寧靜一分鐘」，讓孩子隨著深呼吸、合掌、放鬆、寧靜下來等指導語，快速讓心沉澱；或是老師細心發現孩子將「寧靜手環」翻轉至紅色，即時提供協助與關懷；以及透過歌唱帶動，讓孩子放鬆身心回到寧靜的「心寧靜之歌」。

心道法師說：「從寧靜運動讓大家找回生命的寧靜，然後喜歡那份寧靜，進而創造內心的感動、找回心的原點。感恩大家推廣寧靜運動，寧靜是孕育我們生命的起點，沒有寧靜，我們就找不到生命的美感。」參與心寧靜教師團與研習營的教師來自四面八方，具有不同特質卻同樣發心無私奉獻，使「校園寧靜運動」推廣成果豐碩，期待從校園開始，創造寧靜家庭，進而共創寧靜的社會與世界。

年表
2014

日期	活動摘要
01	《禪心‧傳薪－－靈鷲山2013弘法紀要》出版。
01/01	靈鷲山無生道場舉辦二〇一四跨年叩鐘祈願。
01/01	新北市市長朱立倫前來靈鷲山無生道場，與心道法師同供新年第一柱香，祈願國泰民安、風調雨順。
01/01	非洲阿彌陀佛關懷中心（ACC）院童參觀世界宗教博物館。
01/01~01/31	靈鷲山臺南分院於每週三及週五舉辦「平安禪修」。
01/01~01/29	靈鷲山新營共修處於每週三舉辦「平安禪修」。
01/02	靈鷲山嘉義中心舉辦「百萬大悲咒共修」。
01/02~01/30	靈鷲山臺東中心於每隔週四舉辦「大悲咒共修」。
01/03	靈鷲山開山大和尚心道法師決定二〇一四年封山一年，轉換靈鷲山教團與四眾弟子的修行與弘法能量，讓僧眾安居精進，積累慧命資糧，推動四期教育，讓靈鷲山護法信眾轉換生命。因此，靈鷲山護法總會於歲末年終舉辦與師有約，恭請心道法師蒞臨靈鷲山臺北講堂，為臺北市區護法委員們開示封山的意義與對護法信眾的期許。
01/03~01/24	靈鷲山基隆講堂、新竹共修處與嘉義中心分別於每週五舉辦「平安禪修」。
01/03~01/10	靈鷲山樹林中心於每週五舉辦「平安禪修」。
01/03~01/31	靈鷲山臺中講堂與高屏講堂分別於每週五舉辦「平安禪修」。
01/03~01/17	靈鷲山蘭陽講堂於每週五舉辦「經典共修暨平安禪修」。
01/04	心道法師獲緬甸「上座部全國大業處阿闍梨最高禪修榮譽」。
01/04	不丹五大仁波切之一的桑給多傑大仁波切，於參訪世界宗教博物館後，前往無生道場拜訪心道法師。
01/04	世界宗教博物館舉辦「字游字載動畫展」教育活動——「日星鑄字行探訪」。
01/04	靈鷲山慈善基金會與靈鷲山新竹共修處聯合舉行新竹地區「普仁獎頒獎典禮」。
01/04	靈鷲山新北市分院啟建「慈悲三昧水懺法會」。
01/04	靈鷲山臺北講堂舉辦「百萬大悲咒共修」。
01/04	靈鷲山中壢中心與新竹共修處分別舉辦「歲末聯誼」。
01/04~01/25	靈鷲山新營共修處於每週六舉辦「百萬大悲咒共修」。
01/04	靈鷲山香港講堂啟建「慈悲三昧水懺法會」。
01/05	靈鷲山慈善基金會與靈鷲山臺南分院聯合於臺南香格里拉遠東國際大飯店舉辦臺南地區「第十一屆普仁獎頒獎典禮」。
01/05	靈鷲山慈善基金會、靈鷲山桃園講堂，與靈鷲山中壢中心聯合舉辦「普仁獎頒獎典禮」。
01/05	靈鷲山臺北講堂舉辦「朝禮靈鷲聖山活動」。
01/05	靈鷲山樹林中心與嘉義中心分別舉辦「大悲咒共修」。

壹

月

	01/07~01/28	靈鷲山新北市分院與臺北講堂分別於每週二舉辦「平安禪修」。
	01/08	靈鷲山護法總會於歲末年終舉辦與師有約，恭請心道法師蒞臨靈鷲山蘭陽講堂，為東區護法委員們開示封山的意義與對護法信眾的期許。
	01/08	靈鷲山蘭陽講堂啟建「大佛安座儀式」。
	01/10	靈鷲山護法總會於歲末年終舉辦與師有約，恭請心道法師蒞臨靈鷲山桃園講堂，為西區護法委員們開示封山的意義與對護法信眾的期許。
	01/10	靈鷲山樹林中心舉辦「平安禪修」。
	01/11	靈鷲山於無生道場啟建「二〇一四年水陸空大法會第二場先修法會」。
	01/11	世界宗教博物館舉辦「彩虹女巫說故事－－《謝謝你，小熊》」。
	01/11	世界宗教博物館舉辦「志工尾牙歲末感恩晚會」。
	01/11	靈鷲山桃園講堂舉辦「歲末聯誼」。
	01/11	靈鷲山中壢中心、新竹共修處與高屏講堂分別舉辦「百萬大悲咒共修」。
壹	01/12	靈鷲山護法總會於歲末年終舉辦與師有約，恭請心道法師蒞臨靈鷲山新北市分院與基隆講堂，為新北市三區護法會與基隆區的護法委員們開示封山的意義與對護法信眾的期許。
	01/12	世界宗教博物館舉辦「禪示天地特展」教育活動——【禪機禪跡】纏繞藝術：舒壓妙畫。
	01/12	靈鷲山慈善基金會與靈鷲山嘉義中心聯合舉辦「普仁獎頒獎典禮」。
	01/12	靈鷲山慈善基金會與靈鷲山高屏講堂聯合於高雄市左營區龍華國中舉辦靈鷲山高屏區「普仁獎頒獎典禮暨歲末聯誼」。
月	01/12	靈鷲山慈善基金會與靈鷲山蘭陽講堂聯合舉辦「普仁頒獎暨歲末聯誼」。
	01/12~01/19	靈鷲山臺南分院於每週日舉辦「百萬大悲咒共修」。
	01/12	靈鷲山基隆講堂舉辦「百萬大悲咒共修暨歲末聯誼」。
	01/12	靈鷲山臺中講堂啟建「慈悲三昧水懺法會」。
	01/12	靈鷲山蘭陽講堂舉辦「百萬大悲咒共修」。
	01/13~01/14	靈鷲山舉辦全山僧眾共識會議，會中對二〇一四年的封山及僧眾安居精進進行研討。
	01/16	靈鷲山護法總會於歲末年終舉辦與師有約，恭請心道法師蒞臨靈鷲山臺中講堂，為臺中區護法委員們開示封山的意義與對護法信眾的期許。
	01/17	靈鷲山護法總會於歲末年終舉辦與師有約，恭請心道法師蒞臨靈鷲山嘉義中心，為嘉南區護法委員們開示封山的意義與對護法信眾的期許。
	01/18	靈鷲山護法總會於歲末年終舉辦與師有約，恭請心道法師蒞臨靈鷲山臺南分院，為臺南區護法委員們開示封山的意義與對護法信眾的期許。
	01/18	靈鷲山臺南分院舉辦「歲末感恩團爐晚會」。
	01/18	靈鷲山基隆講堂舉辦「朝禮靈鷲聖山活動」。

壹 月	01/18	靈鷲山臺北講堂啟建「慈悲三昧水懺法會」。
	01/19	靈鷲山護法總會於歲末年終舉辦與師有約，恭請心道法師蒞臨靈鷲山高屏講堂，為高屏區護法委員們開示封山的意義與對護法信眾的期許。
	01/19	世界宗教博物館舉辦「校園代表感恩大會」。
	01/19	靈鷲山慈善基金會與靈鷲山臺北講堂聯合於中山區公所行政中心舉辦「普仁獎頒獎典禮」。
	01/19	靈鷲山慈善基金會與靈鷲山樹林中心聯合舉辦「普仁獎頒獎典禮」。
	01/19	靈鷲山臺南分院舉辦「歲末圍爐感恩餐會」。
	01/19	靈鷲山臺中講堂舉辦「百萬大悲咒共修」。
	01/21~03/16	世界宗教博物館舉辦「歡喜迎馬年」特展。
	01/22~01/24	靈鷲山慧命成長學院於無生道場舉辦「第七期心寧靜情緒管理教學教師研習營」。
	01/25	靈鷲山國際青年團舉辦「歲末聯歡晚會」。
	01/25	世界宗教博物館舉辦「彩虹女巫說故事－－親子一起來玩布板戲」。
	01/25	靈鷲山新北市分院與新莊中港中心分別舉辦「百萬大悲咒共修」。
	01/25	靈鷲山高屏講堂舉辦心靈講座，邀請靈鷲山首座了意法師主講靈鷲山四期教育。
	01/30	新春除夕夜，靈鷲山無生道場舉辦「與師圍爐」。
	01/30~02/02	靈鷲山紐約講堂舉辦「二〇一四新春祈福法華法會暨財神蕎供」。
	01/31~02/14	靈鷲山舉辦各項新春活動，包括啟建「藏傳祈福法會」；體驗開山住持心道法師的漢傳禪修功法－平安禪；禮讚聖山寺金佛園區的泰國國寶－金佛三兄弟，感受南傳佛光加持：以及文化走廊的「新春馬年特展」等新春活動。
	01/31~02/06	靈鷲山無生道場啟建「新春祈福法會」。
	01/31	靈鷲山嘉義中心於年初二啟建「大悲寰宇暨新春財神法會」。
貳 月	02/01	副總統吳敦義伉儷於年初二訪靈鷲山，禮拜安奉於金佛園區的靈感放光玉佛及多寶臥佛；隨後至無生道場供燈祈福。
	02/01	靈鷲山香港佛學院啟建「慈悲三昧水懺法會」。
	02/03	靈鷲山臺中講堂舉辦「百萬大悲咒共修」。
	02/04~02/05	靈鷲山三乘佛學院舉辦「第十四屆靈鷲山青年佛門探索營營前幹訓」。
	02/05~02/10	靈鷲山般若文教基金會附設出版社於臺北世貿一館參與「第二十二屆臺北國際書展」。
	02/05~02/09	靈鷲山桃園講堂啟建「新春梁皇暨財神法會」。
	02/06~02/09	靈鷲山三乘佛學院舉辦「第十四屆靈鷲山青年佛門探索營」，本屆主題為「We are 佛 in Love」。
	02/06	靈鷲山嘉義中心舉辦「百萬大悲咒共修」。
	02/07	靈鷲山臺南分院舉辦新春祈福－－「百萬大悲咒共修暨拜天公活動」。

	02/07~02/28	靈鷲山臺中講堂、嘉義中心與高屏講堂分別於每週五舉辦「平安禪修」。
	02/07~02/09	靈鷲山蘭陽講堂啟建「法華經暨瑜伽焰口法會」。
	02/08	靈鷲山無生道場啟建「甲午年新春供佛齋天」。
	02/08	世界宗教博物館舉辦「彩虹女巫說故事——《老鼠娶新娘》」。
	02/08	靈鷲山臺北講堂舉辦「百萬大悲咒共修」。
	02/08~02/22	靈鷲山新營共修處於每週六舉辦「百萬大悲咒共修」。
	02/08	靈鷲山高屏講堂啟建「百萬大悲咒共修暨財神法會」。
	02/09	世界宗教博物館舉辦「字游字載動畫展」教育活動——「捏字創意好好玩」。
	02/09	靈鷲山臺南分院啟建「新春大悲觀音法會暨八關齋戒」。
	02/09	靈鷲山基隆講堂舉辦「百萬大悲咒共修」。
	02/09	靈鷲山臺北講堂、新莊中港中心分別啟建「慈悲三昧水懺法會」。
	02/11~02/25	靈鷲山臺北講堂於每週二舉辦「平安禪修」。
貳	02/13~02/27	靈鷲山臺東中心於每隔週四舉辦「大悲咒共修」。
	02/14~02/28	靈鷲山臺南分院與新營共修處分別於每週五舉辦「平安禪修」。
	02/14~02/21	靈鷲山基隆講堂與新竹共修處分別於每週五舉辦「平安禪修」。
	02/15	靈鷲山無生道場啟建「圓滿施食」。
月	02/15	靈鷲山無生道場舉辦「雲水禪一」。
	02/15	靈鷲山護法總會於聖山寺金佛園區舉辦「護法會全國委員聯誼」，恭請心道法師蒞臨開示。
	02/15	世界宗教博物館舉辦「禪示天地特展」教育活動——【禪機禪跡】放下屠刀‧金工禪。
	02/15~02/16	靈鷲山高屏講堂舉辦「朝禮靈鷲聖山活動」。
	02/16	靈鷲山臺南分院舉辦「百萬大悲咒共修」。
	02/16	靈鷲山臺中講堂與紐約講堂分別啟建「慈悲三昧水懺法會」。
	02/17~	靈鷲山無生道場自二〇一四年二月十七日起啟動封山安居精進，精持禪修、勇猛道業，貫徹佛陀四期教育之華嚴聖山為本願抱負。
	02/17~03/09	靈鷲山無生道場舉辦「僧委禪修閉關」。
	02/17~03/05	靈鷲山無生道場舉辦「僧眾禪修閉關」。
	02/17~02/25	靈鷲山新北市分院於每週二舉辦「平安禪修」。
	02/19~02/26	靈鷲山蘭陽講堂於每週三舉辦「經典共修暨平安禪修」。
	02/21	靈鷲山樹林中心與蘭陽講堂分別舉辦「平安禪修」。
	02/22	世界宗教博物館舉辦「彩虹女巫說故事——《春神跳舞的森林》」。

貳	02/22	世界宗教博物館於太平洋百貨雙和店舉辦「壽星寶寶慶生會」。
	02/22	靈鷲山新北市分院與新莊中港中心分別舉辦「百萬大悲咒共修」。
	02/22	靈鷲山臺北講堂啟建「慈悲三昧水懺法會」。
	02/22	靈鷲山基隆講堂舉辦「朝禮靈鷲聖山活動」。
月	02/23	靈鷲山新莊中港中心舉辦「朝禮靈鷲聖山活動」。
	02/26~12/24	靈鷲山慧命成長學院開設太極導引課程，邀請林照富老師授課。
參	03/01	靈鷲山新營共修處舉辦「百萬大悲咒共修」。
	03/01	靈鷲山香港講堂啟建「慈悲三昧水懺法會」。
	03/02	世界宗教博物館舉辦「自然醫學知識講座」，邀請涂承恩博士主講。
	03/02	靈鷲山臺北講堂、樹林中心、臺中講堂與嘉義中心分別舉辦「百萬大悲咒共修」。
	03/02	靈鷲山新營共修處啟建「地藏法會」。
	03/02	靈鷲山蘭陽講堂舉辦「八關齋戒暨百萬大悲咒共修」。
	03/03	靈鷲山臺中講堂舉辦「百萬大悲咒共修」。
	03/04	日本高野山真言宗宗務總長添田隆昭一行參訪世界宗教博物館，並代表日本民眾感謝二〇一一年311大地震靈鷲山給予的協助。
	03/04~03/25	靈鷲山新北市分院與臺北講堂分別於每週二舉辦「平安禪修」。
	03/04~03/25	靈鷲山蘭陽講堂於每週二舉辦「經典共修暨平安禪修」。
	03/05	世界宗教博物館舉辦「世界節慶藝起來」——永樂國小資優班（中年級）主題行程參觀活動。
	03/06~10/23	靈鷲山慧命成長學院開設「立體閱讀——讀書會」課程。
月	03/06	靈鷲山嘉義中心舉辦「百萬大悲咒共修」。
	03/07~11/27	靈鷲山慧命成長學院開設「印度佛教史」課程，邀請藍吉富老師授課。
	03/07~05/23	靈鷲山慧命成長學院開設「《楞嚴經》導讀（下）」課程，邀請熊琬老師授課。
	03/07	靈鷲山臺南分院辦新春祈福——「百萬大悲咒共修暨拜天公活動」。
	03/07~03/28	靈鷲山臺南分院、基隆講堂、樹林中心、新竹共修處、臺中講堂與高屏講堂分別於每週五舉辦「平安禪修」。
	03/08	中國江蘇蘇州寒山寺方丈秋爽法師率領寒山寺僧團及居士，以及江蘇省宗教事務局副巡視員馬冬青、蘇州市民族宗教事務局民族處處長談庚元等一行，參訪靈鷲山無生道場及聖山寺金佛園區。
	03/08~11/15	靈鷲山慧命成長學院開設「Power快樂頌」音樂課程，邀請王人川老師授課。
	03/08~11/22	靈鷲山慧命成長學院開設「輕鬆廚房」課程，邀請陳秀美老師授課。
	03/08	世界宗教博物館舉辦「彩虹女巫說故事——《米莉的新帽子》」。
	03/08	靈鷲山新北市分院啟建「慈悲三昧水懺法會」。

	03/08~03/09	靈鷲山基隆講堂舉辦「朝禮靈鷲聖山暨百萬大悲咒共修」。
	03/08~03/09	靈鷲山臺北講堂舉辦「百萬大悲咒共修」。
	03/08	靈鷲山桃園講堂與中壢中心分別舉辦「百萬大悲咒共修」。
	03/08~03/22	靈鷲山新營共修處於每週六舉辦「百萬大悲咒共修」。
	03/08	靈鷲山高屏講堂舉辦「百萬大悲咒共修暨財神法會」。
	03/09	世界宗教博物館舉辦「禪示天地特展」教育活動——【禪機禪跡】禪染：最具禪意的染料植物梔子‧植物染與古早甜點的邂逅。
	03/09~03/16	靈鷲山臺南分院於每週日舉辦「百萬大悲咒共修」。
	03/09	靈鷲山基隆講堂舉辦「百萬大悲咒共修」。
	03/09	靈鷲山臺北講堂舉辦「朝禮靈鷲聖山活動」。
	03/09	靈鷲山中壢中心與臺中講堂分別啟建「慈悲三昧水懺法會」。
	03/09	靈鷲山新營共修處啟建「地藏法會」。
	03/11	靈鷲山臺南分院舉辦「百萬大悲咒共修」。
參	03/11~03/25	靈鷲山臺北講堂於每週二舉辦「平安禪修」。
	03/13~05/01	靈鷲山慧命成長學院每週四於全臺講堂開設「快樂靈鷲人大學習」系列課程，首先推出「心道與禪——上師的生命故事」課程，透過八堂說故事課，分享心道法師的生命歷程與願景。
	03/13~03/27	靈鷲山臺東中心於每週四舉辦「百萬大悲咒共修」。
月	03/14~12/12	靈鷲山慧命成長學院開設「以戒為師；在家菩薩戒」課程，邀請恆傳法師授課。
	03/14~03/28	靈鷲山臺南分院與新營共修處分別於每週舉辦「平安禪修」。
	03/14~03/21	靈鷲山基隆講堂與新竹共修處分別於每週五舉辦「平安禪修」。
	03/15	心道法師榮獲緬甸國家最高榮譽「大業處阿闍梨最高禪修成就獎」，於頒獎典禮前先與其他獲獎高僧接受緬甸總統登盛與各界供養。
	03/15~03/18	靈鷲山於緬甸國際禪修中心啟建「供養得獎高僧及恭賀上師得獎供僧法會」。
	03/15	靈鷲山無生道場舉辦「雲水禪一」。
	03/15~03/16	靈鷲山護法總會舉辦「幹部春季營」。
	03/15	靈鷲山臺北講堂啟建「慈悲三昧水懺法會」。
	03/16	靈鷲山臺南分院舉辦「百萬大悲咒共修」。
	03/16	靈鷲山臺中講堂與紐約講堂分別啟建「慈悲三昧水懺法會」。
	03/18~03/25	靈鷲山新北市分院於每週二舉辦「平安禪修」。
	03/19	心道法師前往緬甸弄曼農場巡視農場現況，以及與工作人員討論規劃弄曼農場未來的發展方向。
	03/19~12/17	靈鷲山慧命成長學院開設「生命的覺醒：佛陀的故事」課程，邀請郭祐孟老師授課。

	03/19	靈鷲山臺南分院舉辦「百萬大悲咒共修」。
	03/19	靈鷲山嘉義中心舉辦「觀音菩薩聖誕暨普門品與大悲咒共修」。
	03/19~03/26	靈鷲山蘭陽講堂於每週三舉辦「經典共修暨平安禪修」。
	03/20	世界宗教博物館、中華民國宗教與和平協進會、中國宗教徒協會、中華民國宗教建設研究會聯合於宗博館舉辦新春和平祈福會，各宗教代表與與會貴賓邀請大眾一同參與「百萬手印祈和平」及「每日和平祈禱一分鐘」活動。
	03/21~03/23	靈鷲山臺北講堂啟建「法華法會」。
	03/21	靈鷲山樹林中心舉辦「平安禪修」。
	03/21~03/28	靈鷲山新營共修處於每週五舉辦「平安禪修」。
	03/21	靈鷲山蘭陽講堂舉辦「平安禪修」。
	03/22	靈鷲山於集思交通部國際會議中心舉辦「第四屆普仁獎全國頒獎典禮」。
	03/22	世界宗教博物館舉辦「彩虹女巫說故事－－《兔子和松鼠的戰爭》」。
	03/22	靈鷲山新北市分院與新莊中港中心分別舉辦「百萬大悲咒共修」。
參	03/22	靈鷲山基隆講堂舉辦「朝禮靈鷲聖山活動」。
	03/22	靈鷲山臺北講堂啟建「慈悲三昧水懺法會」。
	03/23	靈鷲山無生道場舉辦「雲水禪一」。
月	03/23	靈鷲山基隆講堂於基隆市中正區正濱國小舉辦「清明懷恩大法會暨敬老祈福活動」。
	03/23	靈鷲山新莊中港中心舉辦「朝禮靈鷲聖山活動」。
	03/23	靈鷲山樹林中心與蘭陽講堂分別啟建「慈悲三昧水懺法會」。
	03/24	《時間與空間的旅行》（水陸20紀念版）出版發行。
	03/27~03/30	靈鷲山富貴金佛至大高雄地區平安遶境賜福，並於鳳山體育場啟建「靈鷲山富貴金佛祈福法會」。
	03/29	心道法師受邀參加於泰國清邁熱水塘舉辦的「第二十一屆泰北329公主盃反毒青年運動會」，於活動中傳授一分禪。
	03/29	靈鷲山於高雄市鳳凌廣場舉辦文化展演與踩街活動。
	03/29	靈鷲山國際青年團於國立臺灣師範大學舉辦「二○一四青年領袖KIMOCHI營」。
	03/29	靈鷲山於臺北市長官邸藝文沙龍舉行「第十二屆宗教文學獎贈獎典禮」。
	03/29	靈鷲山寂光寺啟建「地藏法會暨瑜伽焰口法會」。
	03/30	靈鷲山於高雄市鳳山體育場啟建「靈鷲山富貴金佛祈福法會」。
	03/30	靈鷲山聖山寺啟建「二○一四春季祭典」。
	03/30	靈鷲山寂光寺啟建「地藏法會」。
	04/01	心道法師實修著作《聞盡：傾聽內心的聲音》簡體版委由東方出版社出版發行。

	04/01~04/29	靈鷲山新北市分院與臺北講堂分別於每週二舉辦「平安禪修」。
	04/01~04/29	靈鷲山蘭陽講堂於每週二舉辦「經典共修暨平安禪修」。
	04/03~04/25	靈鷲山臺南分院於每週四、五舉辦「平安禪修」。
	04/03~04/17	靈鷲山臺東中心於每隔週四舉辦「大悲咒共修」。
	04/04~04/05	世界宗教博物館歡慶兒童節，舉辦「童手童腳藝趣玩－－可愛動物連環畫DIY活動」。
	04/04~04/06	世界宗教博物館歡慶兒童節，舉辦「童手童腳藝趣玩－－奇幻獸玩偶贈送活動」。
	04/04~04/25	靈鷲山臺中講堂、新營共修處與高屏講堂分別於每週五舉辦「平安禪修」。
	04/04	靈鷲山嘉義中心舉辦「百萬大悲咒共修」。
肆	04/05~04/27	靈鷲山舉辦二〇一四年「大悲閉關21」，僧俗共修，圓滿百萬遍〈大悲咒〉。閉關圓滿隔天（四月二十七日）啟建「大悲閉關21圓滿祈福會」，以「持咒經行」巡禮靈鷲山，頂禮佛法舍利，將眾人祝禱和諧慈悲的心念迴向地球平安。
	04/05~04/26	靈鷲山新營共修處於每週日舉辦「百萬大悲咒共修」。
	04/05	靈鷲山香港講堂啟建「慈悲三昧水懺法會」。
月	04/06	世界宗教博物館歡慶兒童節，舉辦「童手童腳藝趣玩－－小巫師遊馬雅親子導覽活動」。
	04/06	靈鷲山嘉義中心舉辦「百萬大悲咒共修」。
	04/06	靈鷲山蘭陽講堂舉辦「八關齋戒暨百萬大悲咒共修」。
	04/06	靈鷲山香港講堂啟建「慈悲三昧水懺法會」。
	04/10~04/12	心道法師受邀參加於冰島首都雷克亞維克市舉辦的「第二屆人類精神論壇（Spirit of Humanity Forum）」，期間，與六位國際大師對談「愛與慈悲」的重要性，並帶領兩百多位來賓體驗禪修。
	04/11~04/13	靈鷲山護法總會於香港中華基督教青年曾烏溪沙青年新村舉辦「東南亞幹部研習營」。
	04/11~04/25	靈鷲山嘉義中心於每週五舉辦「經典共修暨平安禪修」。
	04/12~06/21	靈鷲山慧命成長學院於全臺講堂開設「快樂靈鷲人大學習」系列課程：大學習假日講座，講授「皈依弟子的正知正行」與「佛陀的圓滿法教－靈鷲山四期教育」。
	04/12	世界宗教博物館舉辦《生命之愛‧愛在臺灣「典範學習」少年生命教育教材》發表會暨「你是我兄弟‧送愛到災區」弱勢關懷傳愛活動，以預防性的心靈重建功能，幫助災區或弱勢孩子培養抗壓能力等生命課題。
	04/12	世界宗教博物館歡慶兒童節，舉辦「童手童腳藝趣玩－－闖關大冒險」。
	04/12	世界宗教博物館舉辦「四月壽星慶生會」。
	04/12	靈鷲山樹林中心舉辦「朝禮靈鷲聖山暨大悲咒共修」。
	04/12	靈鷲山桃園講堂啟建「慈悲三昧水懺法會」。
	04/12	靈鷲山中壢中心、新竹共修處與高屏講堂分別舉辦「百萬大悲咒共修」。
	04/13	靈鷲山慧命成長學院舉辦「心寧靜教師團同學會」。

肆 月	04/13~04/20	靈鷲山臺南分院於每週日舉辦「百萬大悲咒共修」。
	04/13	靈鷲山基隆講堂信眾回山共修百萬〈大悲咒〉。
	04/13	靈鷲山臺中講堂啟建「慈悲三昧水懺法會」。
	04/16~04/19	心道法師受邀至德國Neumühle禪修中心主持禪修閉關。
	04/18~04/25	靈鷲山樹林中心於每週五舉辦「平安禪修」。
	04/19	世界宗教博物館舉辦「幼兒生命教育教學資源教師研習」。
	04/19	靈鷲山基隆講堂舉辦「朝禮靈鷲聖山活動」。
	04/19	靈鷲山臺北講堂啟建「慈悲三昧水懺法會」。
	04/20	中國全國政協民族和宗教委員會（中國政協會）朱維群主任帶領「中國宗教界和平委員會赴臺參訪團」，參訪靈鷲山無生道場及聖山寺金佛園區。
	04/20	靈鷲山臺中講堂舉辦「百萬大悲咒共修」。
	04/20	靈鷲山嘉義中心舉辦「朝禮靈鷲聖山暨百萬大悲咒共修」。
	04/20	靈鷲山紐約講堂啟建「慈悲三昧水懺法會」。
	04/23	心道法師受邀為新北市貢寮區貢寮國中新圖書室題字「正見正思」，墨寶於「飛閱夢想·知識啟航圖書室」揭牌儀式中首度亮相，以此提醒學子們觀察與思考的重要性。
	04/26~05/11	靈鷲山無生道場及全臺講堂分別舉辦「浴佛祈福活動及法會」。
	04/26	世界宗教博物館舉辦「彩虹女巫說故事－－《小豬不會飛》」。
	04/27	靈鷲山國際青年團於新北市雙溪區茶花莊舉辦「青年心派對」。
	04/27	世界宗教博物館舉辦「新住民幸福學堂」。
	04/27	靈鷲山新莊中港中心舉辦「朝禮靈鷲聖山活動」。
	04/30~05/04	靈鷲山臺南分院啟建「護國梁皇寶懺大法會暨瑜伽施食焰口法會」。
伍 月	05/01~05/03	靈鷲山樹林中心啟建「華嚴懺暨三大士瑜伽焰口法會」。
	05/01~05/29	靈鷲山臺東中心於每隔週四舉辦「大悲咒共修」。
	05/02	靈鷲山無生道場舉辦「雲水禪一」。
	05/02~05/30	靈鷲山基隆講堂、新竹共修處、臺中講堂與高屏講堂分別於每週五舉辦「平安禪修」。
	05/02~05/04	靈鷲山蘭陽講堂舉辦「第八屆萬佛燈會」。
	05/03~05/04	世界宗教博物館舉辦「真善美的桃花源－－二〇一四年生命教育議題·宗教與人生種子教師研習營」。
	05/03	靈鷲山臺北講堂舉辦「百萬大悲咒共修」。
	05/03	靈鷲山新竹共修處啟建「慈悲三昧水懺法會」。
	05/03	靈鷲山蘭陽講堂舉辦「八關齋戒暨百萬大悲咒共修」。

	05/04	靈鷲山新北市分院與臺中講堂分別啟建「慈悲三昧水懺法會」。
	05/04	靈鷲山臺北講堂舉辦「朝禮靈鷲聖山活動」。
	05/04	靈鷲山嘉義中心於中油公司訓練所啟建「慈悲三昧水懺法會暨浴佛活動」。
	05/06~08/31	世界宗教博物館舉辦「黃金佛國——緬甸信仰與人文特展」。
	05/06~05/27	靈鷲山新北市分院於每週二舉辦「平安禪修」。
	05/06~05/27	靈鷲山蘭陽講堂於每週二舉辦「經典共修暨平安禪修」。
	05/09~05/18	靈鷲山舉辦二〇一四年不丹朝聖之旅。
	05/09~05/30	靈鷲山臺南分院與新營共修處分別於每週五舉辦「平安禪修」。
	05/09~05/30	靈鷲山嘉義中心於每週五舉辦「經典共修暨平安禪修」。
	05/10	靈鷲山於無生道場啟建「二〇一四年第四場水陸空先修法會」。
	05/10	世界宗教博物館舉辦「彩虹女巫說故事——《我們的媽媽在哪裡？》」。
	05/10	靈鷲山桃園講堂、中壢中心、新竹共修處與高屏講堂分別舉辦「百萬大悲咒共修」。
伍	05/10~05/24	靈鷲山新營共修處於每週六舉辦「百萬大悲咒共修」。
	05/11~05/18	靈鷲山臺南分院於每週日舉辦「百萬大悲咒共修」。
	05/11	靈鷲山基隆講堂舉辦「百萬大悲咒共修」。
	05/11	靈鷲山新莊中港中心啟建「慈悲三昧水懺法會」。
月	05/15~07/21	靈鷲山無生道場舉辦「雲水禪七」。
	05/15~07/24	靈鷲山慧命成長學院每週四於全臺講堂開設「快樂靈鷲人大學習」系列課程：平安禪法「基礎班」與「進階課程一」，幫助學習者透過禪修內觀自省認識自己，找到內在寧靜與安定的力量。新北市分院、基隆講堂、新莊中港中心、桃園講堂、中壢中心、臺中講堂、嘉義中心與蘭陽講堂分別開設基礎班；臺南分院、臺北講堂與樹林中心分別開設進階課程一。
	05/17~05/18	靈鷲山國際青年團舉辦「靈鷲山二〇一四年國際扶輪學生宗教體驗營」。
	05/17~05/18	靈鷲山慧命成長學院於無生道場舉辦「二〇一四心寧靜教師團師資培訓」。
	05/17	世界宗教博物館舉辦「黃金佛國特展」教育活動－－帶著舌尖去旅行：品嚐緬甸傳統美食。
	05/17	世界宗教博物館舉辦「佛教藝術與建築之美——藝術人文教學資源教師研習」。
	05/17	靈鷲山基隆講堂舉辦「朝禮靈鷲聖山活動」。
	05/17	靈鷲山臺北講堂與桃園講堂分別啟建「慈悲三昧水懺法會」。
	05/18~08/31	靈鷲山慧命成長學院於全臺講堂開設「快樂靈鷲人大學習系列課程：平安一日禪體驗活動」。
	05/18	靈鷲山臺中講堂舉辦「百萬大悲咒共修」。
	05/24	靈鷲山慧命成長學院於世界宗教博物館舉辦「心寧靜‧做情緒的主人」教師講座。
	05/24~05/25	靈鷲山護法總會於聖山寺金佛園區舉辦「幹部夏季營」。

伍月	05/24	靈鷲山護法總會於無生道場舉辦「二〇一四年靈鷲山護法會新科委員授證大會」。
	05/24	世界宗博物館舉辦「彩虹女巫說故事——《我的頭毛好捲》」。
	05/24	靈鷲山新北市分院與新莊中港中心分別舉辦「百萬大悲咒共修」。
	05/25	世界宗教博物館舉辦「黃金佛國特展」教育活動——心靈手巧：生日守護神創意拼貼。
	05/25	世界宗教博物館舉辦幸福手印認捐茶會，邀請藏傳佛教高僧吉美格西主持捐贈簽約儀式。
	05/26~06/18	靈鷲山三乘佛學院開設「阿含專題課程——五部尼科耶精要概論」，禮請緬甸仰光全國上座部國立巴利大學副校長鳩摩羅尊者Ashin Bhddanta Kumara與教務主任Ashin Therasabha法師授課。
	05/27~08/30	世界宗教博物館於國立臺灣圖書館舉辦「生命之河——臺灣生命教育的歷史軌跡」巡迴展。
	05/30~06/01	第二屆國際哈佛青年營（大馬區）於馬來西亞吉隆坡綠苑生態休閒村舉行。
	05/31	世界宗教博物館舉辦「黃金佛國特展」教育活動——字字斟酌・緬緬細語。
陸月	06/03~06/24	靈鷲山新北市分院於每週二舉辦「平安禪修」。
	06/03~06/24	靈鷲山蘭陽講堂於每週二舉辦「經典共修暨平安禪修」。
	06/04	泰國南傳尊者讚念長老來山參訪，並前往心道法師閉關修行處致意。
	06/05	靈鷲山嘉義中心舉辦「百萬大悲咒共修」。
	06/05~06/19	靈鷲山臺東中心於每隔週四舉辦「大悲咒共修」。
	06/06	靈鷲山聖山寺金佛園區啟建「三時繫念法會」。
	06/06~06/27	靈鷲山臺中講堂於每週五舉辦「平安禪修」。
	06/06	靈鷲山嘉義中心舉辦「百萬大悲咒共修」。
	06/07	世界宗教博物館舉辦「黃金佛國特展」教育活動，禮請緬甸仰光全國上座部國立巴利大學副校長鳩摩羅尊者Ashin Bhddanta Kumara主講「緬甸佛塔與信仰」。
	06/07	靈鷲山基隆講堂與香港講堂分別啟建「慈悲三昧水懺法會」。
	06/07	靈鷲山臺北講堂與桃園講堂分別舉辦「百萬大悲咒共修」。
	06/07~06/21	靈鷲山新營共修處於每隔週六舉辦「百萬大悲咒共修」。
	06/07	靈鷲山高屏講堂舉辦「百萬大悲咒共修暨志工聯誼」。
	06/07~06/08	靈鷲山蘭陽講堂舉辦「八關齋戒暨百萬大悲咒共修」。
	06/08	靈鷲山無生道場舉辦「雲水禪一」。
	06/08	世界宗教博物館舉辦「黃金佛國特展」教育活動——佛照之地：緬甸的佛教簡介。
	06/08	世界宗教博物館舉辦「新住民幸福學堂」。
	06/08~06/22	靈鷲山臺南分院於每週日舉辦「百萬大悲咒共修」。
	06/08	靈鷲山新北市分院與臺中講堂分別啟建「慈悲三昧水懺法會」。

陸 月	06/08	靈鷲山基隆講堂與嘉義中心分別舉辦「百萬大悲咒共修」。
	06/08	靈鷲山中壢中心舉辦「慈悲三昧水懺法會暨百萬大悲咒共修」。
	06/09	靈鷲山於無生道場啟建「二〇一四年第一場水陸齋僧法會」。
	06/12~07/17	靈鷲山慧命成長學院開設「大自然的恩典－－綠色養生」課程，邀請林淑子老師授課。
	06/12~06/26	靈鷲山臺東中心於每隔週四舉辦「百萬大悲咒共修」。
	06/13~09/03	靈鷲山慧命成長學院於臺北講堂開設「《法華經》導讀」課程，邀請靈鷲山首座了意法師授課。
	06/14	世界宗教博物館舉辦「黃金佛國特展」教育活動－－緬甸佛教文化與生活，禮請緬甸仰光全國上座部國立佛教巴利大學教務主任Ashin Therasabha法師主講。
	06/14	世界宗教博物館舉辦「彩虹女巫說故事－－《有一隻羊》」。
	06/14	靈鷲山桃園講堂、中壢中心與新竹共修處分別舉辦「百萬大悲咒共修」。
	06/15	靈鷲山無生道場舉辦「雲水禪一」。
	06/15	世界宗教博物館舉辦「黃金佛國特展」教育活動－－深度之旅：佛的信仰與傳統生活習俗。
	06/15	靈鷲山樹林中心舉辦「朝禮靈鷲聖山暨百萬大悲咒共修」。
	06/15	靈鷲山桃園講堂啟建「蓮師財神總集法會」。
	06/15	靈鷲山臺中講堂舉辦「百萬大悲咒共修」。
	06/15	靈鷲山蘭陽講堂與紐約講堂分別啟建「慈悲三昧水懺法會」。
	06/17	靈鷲山高屏講堂舉辦「百萬大悲咒共修」。
	06/20~06/22	靈鷲山無生道場舉辦「雲水禪三」。
	06/21~06/22	靈鷲山無生道場於龍門露營區舉辦「二〇一四年靈鷲山兒童快樂學佛營幹訓。」
	06/21	靈鷲山基隆講堂舉辦「朝禮靈鷲聖山活動」。
	06/21	靈鷲山臺北講堂啟建「慈悲三昧水懺法會」。
	06/22	靈鷲山於無生道場啟建「二〇一四年水陸空大法會第五場先修法會」。
	06/22	靈鷲山臺南分院與樹林中心分別啟建「慈悲三昧水懺法會」。
	06/28	世界宗教博物館舉辦「彩虹女巫說故事－－《一個我不夠用》」。
	06/28	靈鷲山新北市分院與新莊中港中心分別舉辦「百萬大悲咒共修」。
	06/29	靈鷲山於聖山寺金佛園區舉辦靈鷲山三十一週年暨聖山寺百年慶活動，活動包括精進朝山菩薩行、好願市集暨音樂會、《普門品》暨佛前大供與宗風表揚典禮。
	06/29	世界宗教博物館舉辦「黃金佛國特展」教育活動－－傘下繽紛：揮灑圖騰。
	06/29	靈鷲山新莊中港中心舉辦「朝禮靈鷲聖山活動」。
	07	《心之道智慧法語第三輯》【律己篇】【止觀篇】【願力篇】【證果篇】與《水陸奇緣》出版。

	07/01~07/29	靈鷲山新北市分院於每週二舉辦「平安禪修」。
	07/03~07/04	世界宗教博物館舉辦「占心・私旅行－－塔羅與生命教育工作坊」。
	07/03~07/24	靈鷲山新竹共修處於每週四舉辦「平安禪修」。
	07/03~07/31	靈鷲山臺東中心於每隔週四舉辦「百萬大悲咒共修」。
	07/04~07/06	靈鷲山無生道場舉辦「雲水禪三」。
	07/04~07/06	靈鷲山基隆講堂啟建「法華法會」。
	07/04~07/25	靈鷲山臺中講堂與高屏講堂分別於每週五舉辦「平安禪修」。
	07/04	靈鷲山嘉義中心舉辦「百萬大悲咒共修」。
	07/05	世界宗教博物館舉辦「黃金佛國特展」教育活動－－佛國緬甸：信仰與藝術。
	07/05	靈鷲山臺北講堂舉辦「百萬大悲咒共修」。
	07/05~07/26	靈鷲山新營共修處於每週六舉辦「百萬大悲咒共修」。
	07/05	靈鷲山香港講堂啟建「慈悲三昧水懺法會」。
柒	07/06	靈鷲山三乘佛學院舉辦第十屆初修部畢業典禮。
	07/06	靈鷲山新北市分院、新莊中港中心、臺中講堂與高屏講堂分別啟建「慈悲三昧水懺法會」。
	07/06	靈鷲山嘉義中心舉辦「百萬大悲咒共修」。
	07/06	靈鷲山蘭陽講堂舉辦「八關齋戒暨百萬大悲咒共修」。
月	07/07	靈鷲山於無生道場啟建「二〇一四年第二場水陸齋僧法會」。
	07/10~07/24	靈鷲山基隆講堂於每週四舉辦「平安禪修」。
	07/11~07/13	靈鷲山於無生道場與龍門露營區舉辦「二〇一四年靈鷲山兒童快樂學佛營」。
	07/11~07/25	靈鷲山樹林中心與嘉義中心分別於每週五舉辦「平安禪修」。
	07/12	世界宗教博物館舉辦「彩虹女巫說故事－－《哈利的花毛衣》」。
	07/12	靈鷲山桃園講堂舉辦「八關齋戒暨百萬大悲咒共修」。
	07/12	靈鷲山中壢中心、新竹共修處與高屏講堂分別舉辦「百萬大悲咒共修」。
	07/13~07/14	靈鷲山臺南分院舉辦青年營。
	07/13~07/20	靈鷲山臺南分院於每週日舉辦「百萬大悲咒共修」。
	07/13	靈鷲山基隆講堂與樹林中心分別舉辦「百萬大悲咒共修」。
	07/13	靈鷲山臺北講堂舉辦「朝禮靈鷲聖山活動」。
	07/14~07/20	靈鷲山無生道場舉辦「雲水禪七」。
	07/15~08/19	靈鷲山慧命成長學院開設「說話的藝術」課程，邀請傅汝洋老師授課。

柒 月	07/19	靈鷲山三乘佛學院舉辦「第十二屆初修部招生考試」。
	07/19	世界宗教博物館舉辦「黃金佛國特展」教育活動－－電影欣賞座談會《以愛為名-翁山蘇姬》。
	07/19	靈鷲山基隆講堂舉辦「朝禮靈鷲聖山活動」。
	07/19	靈鷲山臺北講堂啟建「慈悲三昧水懺法會」。
	07/20	世界宗教博物館舉辦「黃金佛國特展」教育活動－－字字斟酌‧緬緬細語。
	07/20~10/26	世界宗教博物館舉辦「蟲的畫展」。
	07/20	靈鷲山馬來西亞柔佛中心與美國紐約講堂分別啟建「慈悲三昧水懺法會」。
	07/22	心道法師水陸法會前行閉關期間,逢麥德姆颱風侵臺,心道法師囑咐四眾弟子念誦《普門品》並燃燈供佛迴向,祈願颱風遠離、人民平安,減少災難與影響。
	07/22	靈鷲山於桃園縣政府舉辦「第二十一屆水陸空大法會行前記者會」。
	07/23	靈鷲山發起持誦〈大悲咒〉迴向澎湖馬公空難,祈願往者安息、受傷者安康,人類遠離災禍。
	07/23	靈鷲山慧命成長學院於無生道場舉辦「第八期心寧靜情緒管理教學教師研習營幹部訓練」。
	07/24~07/26	靈鷲山慧命成長學院於無生道場舉辦「第八期心寧靜情緒管理教學教師研習營」。
	07/26~07/27	靈鷲山臺南分院舉辦「二○一四靈鷲山兒童快樂學佛營」。
	07/26	世界宗教博物館舉辦「彩虹女巫說故事－－《帶來幸福的酢漿草》」。
	07/27	靈鷲山無生道場舉辦「雲水禪一」。
	07/30~08/06	靈鷲山於桃園巨蛋體育館啟建「第二十一屆水陸空大法會」。期間特別邀請緬甸最勝法庫－－三藏持者孫倫東達拉尊者講授八關齋戒的由來,以及為現場信眾正授八關齋戒。
	07/30~	靈鷲山為推廣抄寫《心經》殊勝功德及邀約護持聖山建設,推動「百萬心經率觀音」抄經祈福活動,並於水陸法會現場邀請大眾恭抄《心經》;心道法師特別親臨現場開示《心經》,並提筆帶領大眾一同抄經。
	07/30	靈鷲山無生道場獲頒新北市績優宗教團體社會教化獎;心道法師與十位靈鷲山法師獲個人貢獻獎,表彰靈鷲山推動「生活禪」的成就。
捌 月	08/02	世界宗教博物館舉辦「黃金佛國特展」教育活動－－佛國僧侶:南傳與漢傳佛教的差異。
	08/02~08/08	世界宗教博物館受邀參與由新北市政府舉辦之「二○一四新北市伊斯蘭文化節」。
	08/02	靈鷲山香港講堂啟建「慈悲三昧水懺法會」。
	08/03	靈鷲山榮譽董事聯誼會於桃園巨蛋體育館水陸法會現場舉行聯誼茶會,並恭請心道法師及緬甸仰光全國上座部國立佛教巴利大學副校長鳩摩羅尊者Ashin Bhddanta Kumara開示。
	08/04	靈鷲山於桃園巨蛋體育館啟建「第三場水陸齋僧法會」,由緬甸仰光全國上座部國立佛教巴利大學副校長鳩摩羅尊者Ashin Bhddanta Kumara主法。
	08/05	世界宗教博物館文化生活館於每週三、六開設「忘記茶會」課程。
	08/05	靈鷲山蘭陽講堂舉辦「八關齋戒暨百萬大悲咒共修」。
	08/08	靈鷲山基隆講堂受邀參與於基隆海洋廣場舉辦的基隆中元祭。

	08/08	靈鷲山嘉義中心舉辦「百萬大悲咒共修」。
	08/09	世界宗教博物館舉辦「彩虹女巫說故事――《爺爺奶奶的彩色回憶》」。
	08/09	靈鷲山臺北講堂於臺北市大安區住安里舉辦社區普度。
	08/09~08/30	靈鷲山新營共修處於每週六舉辦「百萬大悲咒共修」。
	08/09	靈鷲山高屏講堂舉辦「百萬大悲咒共修」。
	08/09	靈鷲山花蓮共修處舉辦「大悲咒共修」。
	08/10	靈鷲山無生道場舉辦「雲水禪一」。
	08/10	世界宗教博物館舉辦「黃金佛國特展」教育活動――佛國子民的易地新生：遷臺緬華移民的社群與文化。
	08/10~08/17	靈鷲山臺南分院於每週日舉辦「百萬大悲咒共修」。
	08/10	靈鷲山基隆講堂舉辦「百萬大悲咒共修」。
	08/12	靈鷲山於高雄巨蛋參與「高雄731氣爆暨澎湖723空難事件全國宗教界追思祈福大會」，齊心為亡者祝禱、為生者祈福。
捌	08/12~08/26	靈鷲山新北市分院於每週二舉辦「平安禪修」。
	08/14~08/16	靈鷲山慧命成長學院於臺南分院舉辦「第九期心寧靜情緒管理教學教師研習營」。
	08/15~08/17	靈鷲山無生道場舉辦「雲水禪三」。
	08/16	佛教在線佛教文化參訪團參訪靈鷲山無生道場及金佛園區，並拜會心道法師。
月	08/16~08/17	世界宗教博物館舉辦「塔羅的奇幻旅程――占卜工作坊」。
	08/16	世界宗教博物館、靈鷲山新北市分院與東家創世紀、捷和生活家社區第十三度聯合舉辦中元普度法會。
	08/16	靈鷲山臺北講堂啟建「慈悲三昧水懺法會」。
	08/17	靈鷲山臺北講堂、蘭陽講堂與紐約講堂分別啟建「慈悲三昧水懺法會」。
	08/18	中國中華文化交流協會參訪團同臺灣中華國際供佛齋僧功德會主席淨耀法師等一行參訪靈鷲山無生道場，中國佛教協會副會長聖輝法師並與心道法師會晤，就兩岸佛教交流交換意見。
	08/21	靈鷲山受邀參與由高雄市政府聯合高雄佛教團體共同舉辦的「高雄氣爆災區三七灑淨超薦祈福法會」，為高雄石化氣爆罹難者超度、為生還者祈福消災。
	08/21~10/09	靈鷲山慧命成長學院每週四於全臺講堂開設「快樂靈鷲人大學習」系列課程：平安禪課程。基隆講堂開設進階班；新北市分院、臺南分院、臺北講堂、新莊中港中心、樹林中心、桃園講堂、中壢中心、新竹共修處、臺中講堂、嘉義中心、高屏講堂與蘭陽講堂分別開設基礎班。
	08/22~08/24	第二屆國際哈佛青年營（臺灣區）於靈鷲山臺南分院舉行。
	08/23~08/24	心道法師受國防部之邀，協助「緬甸境內中華民國遠征軍陣亡將士總牌位返國迎靈暨入祀典禮」，於緬甸密支那主戰場啟建超度儀式。
	08/23~08/24	靈鷲山慧命成長學院於高屏講堂舉辦「親子共學成長營」。
	08/23	世界宗教博物館舉辦「彩虹女巫說故事――《好圓好圓的月亮》」。

捌月	08/23	靈鷲山新北市分院、臺北講堂與新莊中港中心舉辦「百萬大悲咒共修」。
	08/23	靈鷲山基隆講堂舉辦「朝禮靈鷲聖山活動」。
	08/24	世界宗教博物館舉辦「黃金佛國特展」教育活動——佛國的護「柚」：大自然色彩的療癒—植物‧染。
	08/24	靈鷲山新莊中港中心舉辦「朝禮靈鷲聖山活動」。
	08/30	心道法師受邀參與中國安徽九華山百歲宮全堂佛像開光暨慧慶法師榮升方丈慶典法會。
	08/30~08/31	靈鷲山高屏講堂舉辦「朝禮靈鷲聖山活動」。
	08/31	靈鷲山樹林中心舉辦「朝禮靈鷲聖山活動」。
玖月	09/02~09/30	靈鷲山新北市分院於每週二舉辦「平安禪修」。
	09/02~09/30	靈鷲山蘭陽講堂於每週二舉辦「經典共修暨平安禪修」。
	09/04~09/18	靈鷲山臺東中心於每隔週四舉辦「百萬大悲咒共修」。
	09/05	靈鷲山佛教基金會與世界宗教博物館獲內政部頒發「二〇一四年績優宗教團體獎」。
	09/05~09/26	靈鷲山臺南分院、臺中講堂與高屏講堂分別於每週五舉辦「平安禪修」。
	09/05	靈鷲山嘉義中心舉辦「百萬大悲咒共修」。
	09/06	靈鷲山臺北講堂舉辦「百萬大悲咒共修」。
	09/06	靈鷲山桃園講堂與香港講堂分別啟建「慈悲三昧水懺法會」。
	09/07	心道法師於中秋節前夕返抵故鄉緬甸臘戍賴坎村,並於靈鷲山弄曼農場與長住農場工人一同度中秋。
	09/07~09/14	靈鷲山臺南分院於每週日舉辦「百萬大悲咒共修」。
	09/07	靈鷲山樹林中心與嘉義中心分別舉辦「百萬大悲咒共修」。
	09/07	靈鷲山蘭陽講堂舉辦「百萬大悲咒共修暨中秋聯誼活動」。
	09/11	靈鷲山無生道場舉辦「雲水禪一」。
	09/12~09/26	靈鷲山嘉義中心於每週五舉辦「經典共修暨平安禪修」。
	09/13~09/14	心道法師緬甸弘法行,期間受緬甸果敢文化會館總顧問羅星民引薦,前往怒江新村及果敢文化會館分享未來弄曼地區的修行、和平計劃。
	09/13	世界宗教博物館舉辦「彩虹女巫說故事——《買給我》」。
	09/13~09/14	靈鷲山臺南分院舉辦「心道法師壽誕與朝禮靈鷲聖山活動」。
	09/13	靈鷲山臺北講堂、桃園講堂、中壢中心、新竹共修處與高屏講堂分別舉辦「百萬大悲咒共修」。
	09/14	靈鷲山新北市分院與臺中講堂分別啟建「慈悲三昧水懺法會」。
	09/14~09/21	靈鷲山臺南分院於每週日舉辦「百萬大悲咒共修」。
	09/14	靈鷲山基隆講堂舉辦「百萬大悲咒共修」。
	09/14	靈鷲山臺北講堂舉辦「朝禮靈鷲聖山活動」。

	09/16~11/29	世界宗教博物館於長庚科技大學圖書館舉辦「生命之河－－臺灣生命教育的歷史軌跡」巡迴展。
玖 月	09/18	印度布魯哇拉薩迦佛學院院長秋映堪布及副院長圖登堪布與薩迦法王臺北道場「中華蓮花光明大樂佛學會」常住上師索南敦珠堪布，一同參觀世界宗教博物館。
	09/20	靈鷲山慧命成長學院於世界宗教博物館舉辦「心寧靜——做情緒的主人教師講座」。
	09/20	靈鷲山基隆講堂舉辦「朝禮靈鷲聖山活動」。
	09/20	靈鷲山臺北講堂啟建「慈悲三昧水懺法會」。
	09/21	靈鷲山無生道場舉辦「雲水禪一」。
	09/21	靈鷲山聖山寺啟建「二〇一四聖山寺秋季祭典」。
	09/21	靈鷲山樹林中心、中壢中心、新竹共修處與紐約講堂分別啟建「慈悲三昧水懺法會」。
	09/21	靈鷲山臺中講堂舉辦「百萬大悲咒共修」。
	09/27	靈鷲山無生道場舉辦「雲水禪關懷志工培訓」。
	09/27~09/28	靈鷲山護法總會於苗栗谷巴休閒渡假村舉辦「幹部秋季營」。
	09/27	世界宗教博物館舉辦「彩虹女巫說故事－－《搬過來、搬過去》」。
	09/27	靈鷲山新北市分院與新莊中港中心分別舉辦「百萬大悲咒共修」。
	09/28	靈鷲山無生道場啟建「上師壽誕暨齋天法會」。
	09/28	世界宗教博物館舉辦「伊斯蘭土耳其：水拓藝術之美」教育活動。
	09/30~10/08	心道法師於靈鷲山寂光寺進行新加坡水陸前行閉關。
拾 月	10/02	靈鷲山無生道場啟建「普佛暨上師住世長壽吉祥法會」。
	10/02	世界宗教博物館舉辦二千三百萬人的幸福學堂活動，邀請新北市貢寮區福連國小來館參觀。
	10/02~10/30	靈鷲山基隆講堂於每週四舉辦「平安禪修」。
	10/02~10/30	靈鷲山臺東中心於每隔週四舉辦「百萬大悲咒共修」。
	10/03~10/10	靈鷲山臺南分院於每週五舉辦「平安禪修」。
	10/03~10/31	靈鷲山臺中講堂、新營共修處與高屏講堂分別於每週五舉辦「平安禪修」。
	10/03	靈鷲山嘉義中心與花蓮共修處分別舉辦「百萬大悲咒共修」。
	10/04	靈鷲山新北市分院、基隆講堂與香港講堂分別啟建「慈悲三昧水懺法會」。
	10/04	靈鷲山臺北講堂舉辦「百萬大悲咒共修」。
	10/04~10/05	靈鷲山嘉義中心舉辦「朝禮靈鷲聖山活動」。
	10/04~10/25	靈鷲山新營共修處於每週日舉辦「百萬大悲咒共修」。
	10/05	世界宗教博物館舉辦「文化融合：北朝佛造像漢化的風格特色」教育活動。
	10/05~12/21	世界宗教博物館文化生活館舉辦「週日養生課程：健康講座——細胞醫學」，邀請涂承恩老師授課。

	10/05	靈鷲山新北市分院、臺南分院、新莊中港中心、臺中講堂與高屏講堂分別啟建「慈悲三昧水懺法會」。
	10/05	靈鷲山蘭陽講堂舉辦「八關齋戒暨大悲咒共修」。
	10/06~10/12	靈鷲山無生道場舉辦「雲水禪七」。
	10/07~10/28	靈鷲山新北市分院於每週二舉辦「平安禪修」。
	10/07~10/28	靈鷲山蘭陽講堂於每週二舉辦「經典共修暨平安禪修」。
	10/11	世界宗教博物館舉辦「彩虹女巫說故事――《大白兔的真面目》」。
	10/11	靈鷲山新竹共修處舉辦「百萬大悲咒共修」。
	10/11~10/25	靈鷲山新營共修處於每隔週六舉辦「百萬大悲咒共修」。
	10/11	靈鷲山高屏講堂舉辦「百萬大悲咒共修暨抄經活動」。
	10/11~10/13	靈鷲山紐約講堂舉辦「平安禪三」。
	10/12	心道法師於靈鷲山馬來西亞柔佛中心傳授「平安禪法」。
	10/12	靈鷲山臺南分院與桃園講堂分別啟建「慈悲三昧水懺法會」。
拾	10/12~10/19	靈鷲山臺南分院於每週日舉辦「百萬大悲咒共修」。
	10/12	靈鷲山基隆講堂與桃園講堂分別舉辦「百萬大悲咒共修」。
	10/12	靈鷲山嘉義中心啟建「消災祈福藥師普佛暨大悲寰宇法會」。
月	10/16~2015/01/29	靈鷲山慧命成長學院每週四於全臺講堂開設「快樂靈鷲人大學習」系列課程：下半年第二梯次平安禪法。臺北講堂、樹林中心、嘉義中心、新營共修處與臺東中心為基礎班；新北市分院、臺南分院、基隆講堂、新莊中港中心、桃園講堂、高屏講堂、蘭陽講堂為禪訓班；臺南分院、基隆講堂、樹林中心、桃園講堂、嘉義中心、高屏講堂、蘭陽講堂另開設平安一日禪。
	10/16~10/30	靈鷲山樹林中心與新竹共修處分別於每週四舉辦「平安禪修」。
	10/18~10/24	靈鷲山於新加坡義安潮州會館第三度啟建「新加坡水陸法會」。
	10/18	靈鷲山無生道場舉辦「雲水禪一」。
	10/18	靈鷲山基隆講堂舉辦「朝禮靈鷲聖山活動」。
	10/18	靈鷲山臺北講堂啟建「慈悲三昧水懺法會」。
	10/18	靈鷲山新竹共修處舉辦「百萬大悲咒共修」。
	10/19	世界宗教博物館舉辦「幼兒生命教育教學資源教師研習」。
	10/19	世界宗教博物館舉辦「藝術情趣：北朝與各朝代佛像的風格欣賞」教育活動。
	10/19	靈鷲山臺南分院、樹林中心與臺中講堂分別舉辦「百萬大悲咒共修」。
	10/19	靈鷲山蘭陽講堂與紐約講堂分別啟建「慈悲三昧水懺法會」。
	10/21	國際博物館協會（ICOM）會員組成之博物館學國際委員會亞太組織（ICOFOM-ASPAC）理事長及專家一行參訪世界宗教博物館。

	10/23	靈鷲山公告靈鷲山總本山分為上、下院，上院為「靈鷲山無生道場」，下院為「靈鷲山聖山寺」。
	10/23	心道法師致電申賀中國浙江朱家尖舉辦之「南海普陀觀音法界奠基典禮」。
	10/24~10/26	靈鷲山無生道場舉辦「雲水禪三」。
拾	10/24	世界宗教博物館受邀參與宗博館榮譽館長漢寶德先生於國立歷史博物館舉辦之「築人間——漢寶德八十回顧展」。
	10/24~10/31	靈鷲山嘉義中心於每週五舉辦「經典共修暨平安禪修」。
月	10/25	世界宗教博物館舉辦「幼兒生命教育教學資源教師研習」。
	10/25	世界宗教博物館舉辦「彩虹女巫說故事——《兔子蹦蹦跳》」。
	10/25	靈鷲山新北市分院與新莊中港中心分別舉辦「百萬大悲咒共修」。
	10/26	靈鷲山心寧靜教師團舉辦「心寧靜教師團同學會」。
	10/26	世界宗教博物館舉辦「禪繞創意：當禪與幾何奇遇之美」教育活動。
	10/26	靈鷲山新莊中港中心舉辦「朝禮靈鷲聖山活動」。
	11/01~11/02	靈鷲山臺南分院舉辦「靈鷲山朝山尋根之旅」。
	10/01	靈鷲山基隆講堂與香港講堂分別啟建「慈悲三昧水懺法會」。
	11/01	靈鷲山臺北講堂舉辦「百萬大悲咒共修」。
	11/01~11/29	靈鷲山新營共修處於每週六舉辦「百萬大悲咒共修」。
	11/02	靈鷲山樹林中心舉辦「百萬大悲咒共修」。
拾	11/02	靈鷲山臺中講堂啟建「慈悲三昧水懺法會」。
	11/02	靈鷲山蘭陽講堂舉辦「八關齋戒暨大悲咒共修」。
	11/02	靈鷲山吉隆坡中心於馬華大廈啟建「藥師經暨五大士焰口法會」。
壹	11/04~01/06	靈鷲山慧命成長學院開設「快樂頌」課程，邀請王大川老師授課。
	11/05~11/09	靈鷲山新北市分院啟建「梁皇寶懺暨瑜伽焰口法會」。
	11/07	世界宗教博物館舉辦「重彩流金六百年——壁畫 故事 法海寺」特展開展記者會。
月	11/07~2015/01/30	靈鷲山慧命成長學院開設「《法華經》導讀」課程，邀請了意法師授課。
	11/07	靈鷲山嘉義中心與花蓮共修處分別舉辦「百萬大悲咒共修」。
	11/08	西藏達蘭薩拉下密院住持，亦為主持澳洲布里斯本TKSL佛教科學的扎西慈仁仁波切，來山拜會心道法師。
	11/08	世界宗教博物館舉辦「彩虹女巫說故事——《香蕉皮連環事件》」。
	11/08	靈鷲山桃園講堂、中壢中心、新竹共修處與高屏講堂分別舉辦「百萬大悲咒共修」。

	11/09	世界宗教博物館十三週年慶暨世界宗教和諧日，宗博館邀請宗教領袖齊聚宣讀祈禱文，並推出「重彩流金六百年——壁畫 故事 法海寺」特展。
	11/09~2015/03/15	世界宗教博物館再度與北京首都博物館合作，舉辦「重彩流金六百年——壁畫 故事 法海寺」特展，展出北京法海寺珍貴的明代壁畫。
	11/09	靈鷲山寂光寺啟建「地藏法會暨瑜伽焰口法會」。
	11/09~11/16	靈鷲山臺南分院於每週日舉辦「百萬大悲咒共修」。
	11/09	靈鷲山基隆講堂與樹林中心分別舉辦「百萬大悲咒共修」。
	11/12~11/16	靈鷲山臺北講堂啟建「梁皇寶懺暨瑜伽施食焰口法會」。
	11/15~11/16	靈鷲山無生道場舉辦「導覽團培訓」。
	11/15~11/16	靈鷲山慧命成長學院舉辦「二〇一四心寧靜教師團師資培訓」。
拾	11/15	世界宗教博物館舉辦「重彩流金六百年——壁畫 故事 法海寺」特展教育活動：解構之鑰-明代法海寺壁畫之美。
壹	11/15	靈鷲山基隆講堂舉辦「朝禮靈鷲聖山活動」。
	11/16	靈鷲山護法總會於臺南分院舉辦「臺中以南生命關懷精進營」。
月	11/16	靈鷲山樹林中心、馬來西亞柔佛中心與紐約講堂分別啟建「慈悲三昧水懺法會」。
	11/16	靈鷲山中壢中心啟建「地藏法會暨瑜伽施食焰口」。
	11/16	靈鷲山臺中講堂舉辦「百萬大悲咒共修」。
	11/17~11/23	靈鷲山無生道場舉辦「雲水禪七」。
	11/19~11/23	世界宗教博物館舉辦「明清皇家藝術之旅——北京五日行」。
	11/20	心道法師聽聞世界宗教博物館首任館長，亦為榮譽館長的漢寶德先生辭世，心中不捨，囑咐靈鷲山全山法師誦《金剛經》，點燈迴向漢寶德榮譽館長。
	11/20	靈鷲山臺東中心舉辦「百萬大悲咒共修」。
	11/22	世界宗教博物館舉辦「彩虹女巫說故事－－《洞裡有怪獸》」。
	11/22	靈鷲山新北市分院與新莊中港中心分別舉辦「百萬大悲咒共修」。
	11/22	靈鷲山桃園講堂啟建「慈悲三昧水懺法會」。
	11/22	靈鷲山高屏講堂舉辦「朝禮靈鷲聖山活動」。
	11/23	靈鷲山於新北市三重綜合體育館啟建二〇一五年第二十二屆第一場水陸先修法會「大悲觀音祈福暨瑜伽焰口」。
	11/23	世界宗教博物館舉辦「重彩流金六百年——壁畫 故事 法海寺」特展教育活動：重塑之鑰-壁畫舞姿探秘。
	11/29~11/30	靈鷲山國際青年團於馬來西亞柔佛中心舉辦「第一屆兒童營之佛在童年」。
	11/29	世界宗教博物館舉辦「重彩流金六百年——壁畫 故事 法海寺」特展教育活動：解構之鑰-明代壁畫中的流行時尚。

拾壹月	11/29~11/30	靈鷲山紐約講堂啟建「歲末年終祈福暨籌建道場法華法會」。
	11/30	靈鷲山無生道場舉辦「雲水禪一」。
	11/30	靈鷲山大悲咒共修團於臺北講堂舉辦「二〇一四年觀音成長教育課程」。
	11/30	靈鷲山臺南分院啟建「慈悲三昧水懺法會」。
	11/30	靈鷲山臺北講堂、新莊中港中心與樹林中心分別舉辦「朝禮靈鷲聖山活動」。
拾貳月	12/01~12/29	靈鷲山新營共修處每週六舉辦「百萬大悲咒共修」。
	12/02~12/30	靈鷲山新北市分院每週二舉辦「平安禪修」。
	12/02~12/06	靈鷲山基隆講堂啟建「梁皇法會暨五大士瑜伽施食焰口」。
	12/05~12/07	靈鷲山無生道場舉辦「雲水禪三」。
	12/05~12/26	靈鷲山臺中講堂與高屏講堂分別於每週五舉辦「平安禪修」。
	12/05	靈鷲山嘉義中心舉辦「百萬大悲咒共修」。
	12/05~12/07	靈鷲山馬來西亞柔佛中心舉辦「第三屆青少年快樂學佛營」。
	12/06~12/13	靈鷲山舉辦「第十三屆緬甸供萬僧法會暨南傳短期出家修道會」，來自世界各地的五十六位佛子，在緬甸仰光全國上座部國立佛教巴利大學副校長鳩摩羅尊者Ashin Bhddanta Kumara的主持下，完成剃度儀式。
	12/06	靈鷲山慧命成長學院於世界宗教博物館舉辦「心寧靜——做情緒的主人教師講座」。
	12/06	靈鷲山臺北講堂舉辦「百萬大悲咒共修」。
	12/06~12/27	靈鷲山新營共修處每週六舉辦「百萬大悲咒共修」。
	12/06	靈鷲山香港講堂啟建「慈悲三昧水懺法會」。
	12/07	靈鷲山慈善基金會與靈鷲山臺中講堂聯合舉辦大臺中地區「普仁獎頒獎典禮暨園遊會」。
	12/07	世界宗教博物館舉辦「重彩流金六百年－－壁畫 故事 法海寺」特展教育活動：遊戲之鑰-尋寶法海寺。
	12/07	靈鷲山臺南分院、新北市分院、新竹共修處與嘉義中心分別啟建「慈悲三昧水懺法會」。
	12/07	靈鷲山樹林中心舉辦「百萬大悲咒共修」。
	12/07	靈鷲山蘭陽講堂舉辦「八關齋戒暨百萬大悲咒共修」。
	12/12	靈鷲山無生道場舉辦「雲水禪一」。
	12/12	靈鷲山慈善基金會於澎湖縣特殊教育資源中心綜合館舉辦澎湖區「普仁獎頒獎典禮」。
	12/12~12/26	靈鷲山嘉義中心每隔週五舉辦「經典共修暨平安禪修」。
	12/13~12/14	靈鷲山護法總會於臺南市走馬瀨農場蘭花會館舉辦「幹部冬季營」。
	12/13	世界宗教博物館舉辦「彩虹之星歡樂趴」。
	12/13	靈鷲山中壢中心與高屏講堂分別舉辦「百萬大悲咒共修」。

拾 貳 月	12/14	世界宗教博物館舉辦「重彩流金六百年——壁畫　故事　法海寺」特展教育活動：解構之鑰-北京法海寺明代水月觀音圖像的特徵。
	12/14~12/21	靈鷲山臺南分院每週日舉辦「百萬大悲咒共修」。
	12/14	靈鷲山基隆講堂舉辦「百萬大悲咒共修」。
	12/20	世界宗教博物館舉辦「彩虹女巫說故事－－《聖誕老人餓肚皮》」。
	12/20	靈鷲山基隆講堂舉辦「朝禮靈鷲聖山活動」。
	12/20	靈鷲山臺北講堂啟建「慈悲三昧水懺法會」。
	12/21~2015/01/04	靈鷲山無生道場啟建「華嚴閉關法會」。
	12/21	靈鷲山臺中講堂舉辦「百萬大悲咒共修」。
	12/21	靈鷲山紐約講堂啟建「慈悲三昧水懺法會」。
	12/27	靈鷲山新北市分院與新莊中港中心分別舉辦「百萬大悲咒共修」。

國家圖書館出版品預行編目(CIP)資料

靈鷲山弘法紀要. 2014 / 釋法昂等編輯. -- 初版. --

新北市：靈鷲山般若出版, 2015.02

　面；　公分

ISBN 978-986-6324-81-9（平裝）

1.佛教教化法 2.佛教說法

225.4　　　　　　　　　　　103025880

靈鷲山2014弘法紀要

總 策 劃	釋了意
編 審	靈鷲山文獻暨出版中心
編 輯 群	釋法昂、陳坤煌、洪淑妍、彭子睿、涂柏辰、梁真瑜、汪姿郡
美 編	張鈺苓
影片剪輯	靈鷲山文獻中心
圖片提供	靈鷲山攝影組志工

發 行 人	歐陽慕親
出版發行	財團法人靈鷲山般若文教基金會附設出版社
劃撥帳戶	財團法人靈鷲山般若文教基金會附設出版社
劃撥帳號	18887793
地 址	23444新北市永和區保生路2號21樓
電 話	(02)2232-1008
傳 真	(02)2232-1010
網 址	www.093books.com.tw
讀者信箱	books@ljm.org.tw

法律顧問	永然聯合法律事務所
印 刷	天藍彩色印刷股份有限公司
初版一刷	2015年02月
定 價	新臺幣500元
Ｉ Ｓ Ｂ Ｎ	978-986-6324-81-9（平裝）

靈鷲山般若書坊